上海市工程建设规范

轨道交通桥墩预制拼装技术标准

Technical standard for prefabricated bridge piers of rail transit

DG/TJ 08—2345—2020

J 15506—2021

主编单位：上海市隧道工程轨道交通设计研究院

批准部门：上海市住房和城乡建设管理委员会

施行日期：2021 年 5 月 1 日

同济大学出版社

2021　上海

图书在版编目(CIP)数据

轨道交通桥墩预制拼装技术标准/上海市隧道工程轨道交通设计研究院主编. —上海：同济大学出版社，2021.4

ISBN 978-7-5608-9819-3

Ⅰ. ①轨… Ⅱ. ①上… Ⅲ. ①城市铁路—铁路桥—桥墩—桥梁施工—技术标准 Ⅳ. ①U448.13-65

中国版本图书馆 CIP 数据核字(2021)第 042074 号

轨道交通桥墩预制拼装技术标准

上海市隧道工程轨道交通设计研究院 **主编**

策划编辑 张平官

责任编辑 朱 勇

责任校对 徐春莲

封面设计 陈益平

出版发行 同济大学出版社 www.tongjipress.com.cn

(地址：上海市四平路 1239 号 邮编：200092 电话：021－65985622)

经 销 全国各地新华书店

印 刷 浦江求真印务有限公司

开 本 889mm×1194mm 1/32

印 张 2.75

字 数 74 000

版 次 2021 年 4 月第 1 版 2021 年 4 月第 1 次印刷

书 号 ISBN 978-7-5608-9819 3

定 价 25.00 元

上海市住房和城乡建设管理委员会文件

沪建标定〔2020〕719号

上海市住房和城乡建设管理委员会
关于批准《轨道交通桥墩预制拼装技术标准》
为上海市工程建设规范的通知

各有关单位：

由上海市隧道工程轨道交通设计研究院主编的《轨道交通桥墩预制拼装技术标准》，经我委审核，现批准为上海市工程建设规范，统一编号为DG/TJ 08—2345—2020，自2021年5月1日起实施。

本规范由上海市住房和城乡建设管理委员会负责管理，上海市隧道工程轨道交通设计研究院负责解释。

特此通知。

上海市住房和城乡建设管理委员会

二〇二〇年十二月三日

前言

根据上海市住房和城乡建设管理委员会《关于印发〈2019 年上海市工程建设规范、建筑标准设计编制计划〉的通知》(沪建标定〔2018〕753 号)的要求,由上海市隧道工程轨道交通设计研究院会同有关单位组成的标准编制组经广泛调查研究,认真总结科研成果和实践经验,同时参考有关国际标准和国内外先进技术标准,并在广泛征求意见的基础上,制定本标准。

本标准的主要内容有:总则;术语和符号;基本规定;材料;结构设计;抗震设计;构造要求;预制与施工;质量验收。

各单位及相关人员在执行本标准过程中,请注意总结经验,积累资料,并将有关意见和建议反馈至上海市交通委员会(地址:上海市世博村路 300 号 1 号楼;邮编:200125;E-mail:shjtbiaozhun@126.com),上海市隧道工程轨道交通设计研究院(地址:上海市中山西路 1999 号;邮编:200235;E-mail:chen.wenyan@stedi.com.cn),上海市建筑建材业市场管理总站(地址:上海市小木桥路 683 号;邮编:200032;E-mail:bzglk@zjw.sh.gov.cn),以供今后修订时参考。

主 编 单 位:上海市隧道工程轨道交通设计研究院

参 编 单 位:同济大学

上海城建市政工程(集团)有限公司

上海城建预制构件有限公司

上海市城市建设设计研究总院(集团)有限公司

上海市建筑科学研究院有限公司

上海市交通运输行业协会轨道交通专业委员会

主 要 起 草 人: 陈文艳　李建中　黄小国　唐国胜　王安宇
王成荣　田培云　闫兴非　邢晓辉　张　立
张红梅　狄永媚　周　良　金　峰　高润东
徐　超　符　蓉　潘　骏

主 要 审 查 人: 马　骉　王志强　黄少文　顾民杰　葛继平
叶国强　张蓓雯

上海市建筑建材业市场管理总站

目　次

Contents

1 总 则

1.0.1 为贯彻执行国家预制装配式技术经济政策，指导轨道交通桥墩预制拼装设计、施工与验收，做到安全可靠、适用耐久、技术先进、经济合理、环保节能、确保质量，制定本标准。

1.0.2 本标准适用于抗震设防烈度为 7 度及以下地区、最高运行速度不超过 160 km/h 的城市轨道交通和市域铁路新建桥墩的设计、施工及质量验收。

1.0.3 轨道交通预制拼装桥墩的设计、施工应有利于标准化和资源集约利用，积极推广新技术、新工艺、新材料和新设备。

1.0.4 轨道交通预制拼装桥墩的设计、施工与验收除应符合本标准的规定外，尚应符合国家、行业和本市现行有关标准的规定。

2 术语和符号

2.1 术 语

2.1.1 预制拼装桥墩 prefabricated bridge pier

通过预制拼装及连接构造形成的混凝土桥梁墩柱、盖梁或系梁等。

2.1.2 灌浆套筒连接 grouted sleeve coupler connection

通过高强无收缩水泥灌浆料填充在钢筋与连接套筒间隙，硬化后形成接头，将一根钢筋中的力传递至另一根钢筋的连接构造。

2.1.3 灌浆金属波纹管连接 grouted and corrugated metal duct connection

通过高强无收缩水泥灌浆料填充在钢筋与金属波纹管间隙，硬化后形成对钢筋的锚固连接构造。

2.1.4 灌浆套筒 grouted sleeve coupler

通过高强无收缩水泥灌浆料的传力作用将钢筋对接连接所用的金属套筒，通常采用铸造工艺或者机械加工工艺制造。

2.1.5 高强无收缩水泥灌浆料 high-strength low shrinkage grouting material

高强无收缩水泥灌浆料是以高强度材料作为骨料，以水泥作为结合剂，辅以高流态、微膨胀、防离析等材料配制而成，在施工现场加入适量的水，搅拌均匀后填充于套筒或金属波纹管和钢筋间隙内。

2.1.6 调节设备 adjustment equipment

用于调整预制构件空间姿态的设备。

2.1.7 剪力键 shear key

混凝土构件预制节段接缝表面用于承担剪切等作用、密接匹配的凸块和凹槽。

2.1.8 无粘结预应力钢绞线 unbonded prestressing steel strand

表面涂敷防腐润滑涂层，外包护套，与护套之间可永久相对滑动的预应力钢绞线。

2.2 符 号

2.2.1 材料性能

f_c ——混凝土轴心抗压极限强度；

f_{ct} ——混凝土轴心抗拉极限强度；

f_p，f_s ——预应力钢筋和普通钢筋的抗拉计算强度；

f_s' ——预应力钢筋抗压计算强度；

f_{pk} ——预应力钢筋抗拉强度标准值；

f_{sk} ——普通钢筋抗拉强度标准值；

E_c ——混凝土弹性模量。

2.2.2 荷载与荷载效应

M ——计算弯矩；

M_y ——等效屈服弯矩；

M_0 ——消压弯矩；

M_{y0} ——截面普通钢筋屈服时的初始屈服弯矩；

N ——计算轴向力；

N_c ——受压区混凝土轴向压力；

N_g ——桥墩接缝处受到的恒载轴力；

N_0 ——全截面均匀受压破坏时的轴向压力；

N_j ——截面破坏处于大、小偏心界限状态时的轴向压力；

N_p，N_s ——预应力钢筋、普通钢筋的轴向力；

N_{min} ——截面最小轴向压力；

V——计算剪力；

σ——混凝土截面受拉边缘产生的正应力；

σ_c——扣除相应阶段预应力损失后混凝土的预压应力；

σ_{ct}——设计荷载及预应力钢筋有效预应力在混凝土截面受拉边缘产生的应力；

σ_n——接缝上的平均压应力；

σ_p——预应力钢筋应力；

ε_c——混凝土压应变；

ε_{cu}——约束混凝土极限压应变；

ε_{su}^R——普通钢筋折减极限应变；

ε_{cr}——截面混凝土最大应变；

ε_s——普通钢筋应变；

ε_y——钢筋的屈服应变；

ε_{p0}——预应力钢束初应变；

ε_p——预应力钢束应变；

θ——接缝处的截面转角；

θ_p——塑性铰区域的塑性转角；

θ_{pu}——接缝处极限转角；

θ_u——塑性铰区域的最大容许转角；

θ_y——接缝截面等效屈服转角；

ϕ_y——截面的等效屈服曲率；

ϕ_u——截面极限破坏状态的曲率能力；

Δ_d——桥墩墩顶位移；

Δ_u——桥墩墩顶容许位移；

Δ_p——无粘结预应力钢束的变形长度；

Δ_s——普通钢筋的变形长度。

2.2.3 几何参数

A——墩柱截面接缝处毛面积；

A_e——核芯混凝土面积；

A_g——桥墩塑性铰区域截面全面积；
A_k——破坏面上剪力键根部的面积；
A_{sm}——破坏面上的摩擦接触面积；
A_{sp}——螺旋箍筋面积；
A_v——计算方向上箍筋面积总和；
D'——螺旋箍筋环的直径；
H——悬臂桥墩的高度或塑性铰截面到反弯点的距离；
H_{sp}——套筒底端与承台之间的垂直距离；
I_c——混凝土截面的惯性矩；
I——桥墩全截面抗弯惯性矩；
L——桥梁跨度；
L_p^{sp}——等效塑性铰长度；
L_{sp}——灌浆套筒长度；
L_p——现浇桥墩的塑性铰长度；
S_0——换算截面重心轴以下的面积对重心轴的面积矩；
W_0——对所检算的拉应力边缘的换算截面抵抗矩；
Y_c——受压区混凝土合力距截面中性轴的距离；
b——矩形截面的短边尺寸或圆形截面直径；
x——受压区高度；
d_s——纵向普通钢筋的直径；
h——截面高度；
h_p——无粘结预应力钢束与墩柱受压侧边缘的距离；
h_0——截面有效高度；
h_{e0}——核心混凝土受压边缘至受拉侧钢筋重心的距离；
l_0——构件计算长度；
l_s——由于应变渗透产生的钢筋变形；
s——箍筋的间距；
y_p，y_s——预应力钢束和普通钢筋距截面中性轴的距离。

2.2.4 计算系数及其他

K ——强度安全系数；

K_{μ} ——延性安全系数；

K_{f} ——抗裂安全系数；

α ——考虑偏心距对 η 值的影响系数；

β ——连接段刚性长度因子；

γ ——考虑混凝土塑性的修正系数；

η ——偏心距增大系数；

μ_{Δ} ——位移延性系数；

ψ——抗剪强度折减系数；

n_{p} ——预应力筋的根数；

n_{s} ——普通钢筋的根数。

3 基本规定

3.0.1 预制桥墩的连接形式可采用灌浆套筒连接、灌浆金属波纹管连接、灌浆套筒（或灌浆金属波纹管）加预应力连接和现浇湿接缝连接等。

3.0.2 灌浆套筒（或灌浆套筒加预应力）连接可用于预制墩柱与承台、预制墩柱与盖梁和预制墩柱节段之间的连接；灌浆金属波纹管（或灌浆金属波纹管加预应力）连接可用于预制墩柱与承台、预制墩柱与盖梁之间的连接。

3.0.3 在桥墩设计阶段，应加强建设、设计、制造、运输、安装等单位间的配合，桥墩尺寸和形状在满足设计要求的前提下应适宜于工厂预制。

3.0.4 桥墩应遵循少规格、模块化的构件设计原则。

3.0.5 桥墩结构的设计使用年限应为 100 年。

4 材　料

4.1 构件材料

4.1.1 预制拼装桥墩混凝土宜采用高性能混凝土；钢筋混凝土桥墩的混凝土强度等级不应低于 C35；预应力混凝土桥墩的混凝土强度等级不应低于 C40；高性能混凝土应满足现行上海市工程建设规范《高性能混凝土应用技术标准》DG/TJ 08—2276 的规定。

4.1.2 桥墩所使用混凝土应符合现行行业标准《铁路混凝土》TB/T 3275、《铁路混凝土结构耐久性设计规范》TB 10005 和现行上海市工程建设规范《轨道交通及隧道工程混凝土结构耐久性设计施工技术规范》DG/TJ 08—2128 的规定。

4.1.3 桥墩中钢筋的品种应符合现行国家标准《钢筋混凝土用钢 第 1 部分：热轧光圆钢筋》GB/T 1499.1 和《钢筋混凝土用钢 第 2 部分：热轧带肋钢筋》GB/T 1499.2 的规定。

4.1.4 桥墩采用不锈钢钢筋时，应符合现行国家标准《钢筋混凝土用不锈钢钢筋》GB/T 33959 的规定。

4.2 连接材料

4.2.1 桥墩采用预应力筋-锚具组装件时，应符合下列规定：

1 采用钢绞线、精轧螺纹钢筋时，应符合现行国家标准《预应力混凝土用钢绞线》GB/T 5224 和《预应力混凝土用螺纹钢筋》GB/T 20065 的规定。

2 采用无粘结钢绞线时，无粘结钢绞线应符合现行行业标准《无粘结预应力钢绞线》JG/T 161 的规定。

3 无粘结钢绞线涂料层及外包层材料应满足现行行业标准《无粘结预应力混凝土结构技术规程》JGJ 92 的规定。

4 采用的锚具应符合现行国家标准《预应力筋用锚具、夹具和连接器》GB/T 14370 和现行行业标准《铁路工程预应力筋用夹片式锚具、夹具和连接器》TB/T 3193 的规定；新型预应力筋-锚具组装件应经过有资质的检测单位试验检测并出具相应的合格报告后方可使用。

4.2.2 桥墩采用的灌浆套筒应符合下列规定：

1 灌浆套筒宜采用球墨铸铁、优质碳素结构钢、低合金高强度结构钢或合金结构钢制作，应符合现行行业标准《钢筋连接用灌浆套筒》JG/T 398 的规定，且球墨铸铁的球化率应不小于85%。灌浆套筒灌浆段最小内径与连接钢筋公称直径的差值不宜小于表 4.2.2 规定的数值。

表 4.2.2 灌浆套筒灌浆段最小内径尺寸要求

钢筋公称直径(mm)	套筒灌浆段最小内径与连接钢筋公称直径差(mm)
12～25	⩾10
28～40	⩾15

2 灌浆套筒应采用全灌浆套筒；灌浆套筒一端为预制端，另一端为现场装配端，中间应设钢筋限位挡板；采用 HRB 400 级热轧钢筋连接时，套筒两端钢筋伸入长度均不应小于 $10d_s$（d_s 为被连接纵向钢筋直径）；套筒下端应设置压浆口，套筒上端应设置出浆口，压浆口下缘与端部净距应大于 30 mm，不宜大于 50 mm；套筒长度允许偏差±2 mm。

3 灌浆套筒应与灌浆料匹配使用，采用灌浆套筒连接钢筋接头的抗拉强度应符合现行行业标准《钢筋机械连接技术规程》JGJ 107 中Ⅰ级接头的规定，且接头试件实测抗拉强度应不小于被连接钢筋的实际拉断强度。

4 灌浆套筒工厂内安装前，应进行单项拉伸强度试验，检验每批数量不大于600个，试验试件不应少于2个。

4.2.3 桥墩采用的波纹管应符合下列规定：

1 预应力波纹管应采用金属波纹管；灌浆金属波纹管连接的波纹管应采用圆形金属波纹管。

2 金属波纹管应符合现行行业标准《预应力混凝土用金属波纹管》JG 225的规定。

3 采用HRB 400级热轧钢筋连接且混凝土强度等级为C40及以上时，钢筋伸入灌浆金属波纹管内的长度不应小于$24d_s$（d_s为被连接纵向钢筋直径），且不得拼接；若混凝土强度等级低于C40，应通过试验研究确定锚固长度；灌浆金属波纹管内径不宜小于d_s+40 mm，内径尺寸允许偏差±0.5 mm；对于内径不大于100 mm的灌浆金属波纹管，其钢带厚度（壁厚）应不小于0.45 mm，波纹高度应不小于3.1 mm；波纹管长度允许偏差±2 mm。

4 灌浆金属波纹管连接的金属波纹管下端应设压浆口连接压浆管，上端应设置出浆口连接出浆管，压浆口下缘与端部净距应大于30 mm，且不宜大于50 mm。

5 灌浆金属波纹管连接的金属波纹管应按现行行业标准《预应力混凝土用金属波纹管》JG 225的规定进行型式检验。

6 波纹管储存和运输过程中应有防雨淋、锈蚀、污染、日晒、挤压、弯折等损伤防护措施。

4.2.4 桥墩采用的灌浆料应符合下列规定：

1 灌浆套筒（或灌浆金属波纹管）连接用水泥灌浆料应为高强无收缩水泥灌浆料，其技术指标除符合现行行业标准《水泥基灌浆材料》JC/T 986和《钢筋连接用套筒灌浆料》JG/T 408的规定外，尚应符合表4.2.4的规定。

表 4.2.4 高强无收缩水泥灌浆料主要性能指标

<table>
<tr><th colspan="2">检测项目</th><th>性能指标</th></tr>
<tr><td rowspan="2">流动度</td><td>初始</td><td>≥320 mm</td></tr>
<tr><td>30 min</td><td>≥260 mm</td></tr>
<tr><td rowspan="3">抗压强度</td><td>1d</td><td>≥35 MPa</td></tr>
<tr><td>3 d</td><td>≥60 MPa</td></tr>
<tr><td>28 d</td><td>≥100 MPa</td></tr>
<tr><td rowspan="3">竖向自由膨胀率</td><td>3 h</td><td>0.02%～2%</td></tr>
<tr><td>24 h与3 h差值</td><td>0.02%～0.40%</td></tr>
<tr><td>28 d与24 h差值</td><td>≥0</td></tr>
<tr><td colspan="2">氯离子含量</td><td>≤0.03%</td></tr>
<tr><td colspan="2">泌水率</td><td>0</td></tr>
</table>

2 高强无收缩水泥灌浆料在干燥条件下未开封包装前，有效存放时间不得大于 3 个月；开封后应立即使用，如有剩余，应废弃处理。

4.2.5 砂浆垫层应符合下列规定：

1 砂浆垫层应采用高强度无收缩砂浆，在同尺寸试块加载试验下，高强度无收缩砂浆 1 d 的抗压强度应不小于 30 MPa，28 d 抗压强度应不小于 60 MPa 且高出被连接构件强度一个等级(5 MPa)，28 d 膨胀率应控制在 0.02%～0.10%。

2 砂浆垫层宜选用质地坚硬、级配良好的中砂，细度模数应不低于 2.6，含泥量应不大于 1%，且不应有泥块存在。

3 砂浆垫层初凝时间宜大于 2 h。

4.2.6 环氧树脂胶主要性能应符合现行上海市工程建设规范《节段预制拼装预应力混凝土桥梁设计标准》DG/TJ 08—2255 的要求。

5 结构设计

5.1 一般规定

5.1.1 除本标准另有规定外，预制拼装桥墩依据现行行业标准《铁路桥涵混凝土结构设计规范》TB 10092 进行设计。

5.1.2 桥墩荷载分类和组合应按照现行国家标准《城市轨道交通桥梁设计规范》GB/T 51234 进行，无缝线路纵向力取值和荷载组合应符合现行行业标准《铁路无缝线路设计规范》TB 10015 的规定。

5.1.3 桥墩计算应作为偏心受压构件，分别验算主力、主力＋附加力、主力＋特殊荷载下的应力及变形。

5.1.4 设置预应力的桥墩，还应按下列规定验算其强度和抗裂性：

1 按破坏阶段检算构件截面强度。构件在预加应力、运送、安装及运营阶段的破坏强度安全系数限值不应低于现行行业标准《铁路桥涵混凝土结构设计规范》TB 10092 的规定。

2 对不允许出现拉应力的预应力桥墩，按弹性阶段检算截面抗裂性，但在运营阶段正截面抗裂性检算中，应计入混凝土受拉塑性变形的影响。构件的抗裂安全系数不应低于现行行业标准《铁路桥涵混凝土结构设计规范》TB 10092 的规定。

3 按弹性阶段检算预加应力、运送、安装和运营等阶段构件内的应力。

5.2 预应力混凝土桥墩强度计算

5.2.1 矩形截面桥墩按偏心受压构件验算正截面强度。

1 大偏心受压构件（$x \leqslant 0.4h_0$）正截面强度应符合下列规定：

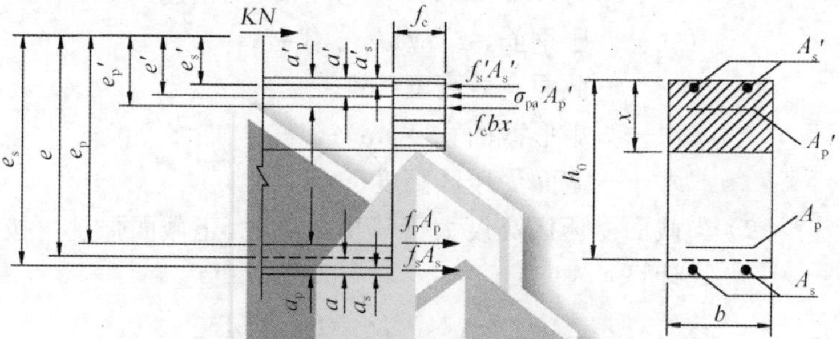

图 5.2.1 大偏心受压构件正截面强度计算图

a，a'——钢筋 A_p 与 A_s 中合力点及钢筋 A'_p 与 A'_s 合力点至截面最近边缘的距离(m)；

a_p，a_s——钢筋 A_p 中合力点及钢筋 A_s 中合力点至截面最近边缘的距离(m)；

a'_p，a'_s——钢筋 A'_p 中合力点及钢筋 A'_s 中合力点至截面最近边缘的距离(m)。

1）中性轴位置可按式(5.2.1-1)确定。当轴向力 N 作用在钢筋 A'_p 与 A'_s 合力点和钢筋 A_p 与 A_s 合力点之间时，式(5.2.1-1)等号左边第 3，4 项取正号；反之，则取负号。

$$f_p A_p e_p + f_s A_s e_s \mp \sigma'_{pa} A'_p e'_p \mp f'_s A'_s e'_s = f_c bx\left(e - h_0 + \frac{x}{2}\right) \tag{5.2.1-1}$$

式中：A_p，A_s ——预应力钢筋和普通钢筋的截面面积（m^2）；

f_p，f_s ——预应力钢筋和普通钢筋的抗拉计算强度（MPa）；

f_c ——混凝土抗压极限强度（MPa）；

A'_s ——受压区普通钢筋的截面面积（m^2）；

f'_s ——预应力钢筋抗压计算强度（MPa）；

σ'_{pa} ——相应与混凝土受压破坏时预应力筋 A'_p 中的应力（MPa），如 σ'_{pa} 为负值，则钢筋 A'_p 不作为受压钢筋，a' 应以 a'_s 代替；

h_0 ——截面有效高度（m）；

b ——矩形截面宽度（m）；

x ——截面受压区高度（m）。

2）当截面受压区高度大于等于 $2a'$ 时，正截面强度可按下式计算：

$$KN \leqslant f_c bx + \sigma'_{pa} A_p + f'_s A'_s - f_p A_p - f_s A_s \tag{5.2.1-2}$$

式中：K——强度安全系数，按现行行业标准《铁路桥涵混凝土结构设计规范》TB 10092 采用，特殊力作用下按施工临时荷载取用；

N——计算轴向力（MN）。

3）当截面受压区高度小于 $2a'$ 时，正截面强度可按下式计算。当计算的正截面强度比不考虑受压钢筋小时，则按不考虑受压钢筋计算。

$$KN \leqslant \frac{(f_p A_p + f_s A_s)(h_0 - a')}{e'} \tag{5.2.1-3}$$

式中：e_p，e_s ——轴向力 N 至受拉边预应力钢筋 A_p 及普通钢筋 A_s 中合力点的距离（m）；

e'_p，e'_s ——轴向力 N 至受压边预应力钢筋 A'_p 及普通钢筋 A'_s 中合力点的距离（m）；

e——轴向力 N 至钢筋 A_p 与 A_s 合力点的距离(m)；

e'——轴向力 N 至钢筋 A'_p 与 A'_s 合力点的距离(m)。

2 小偏心受压构件（$x > 0.4h_0$）的正截面强度应按下列公式计算：

$$KN \leqslant \frac{N_0}{1+\left(\frac{N_0}{N_j}-1\right)\frac{e_0}{e_{j0}}} \tag{5.2.1-4}$$

$$N_0 = f_c bh + \sigma'_{pa}A'_p + f'_s A'_s + \sigma_{pa}A_p + f'_s A_s \tag{5.2.1-5}$$

$$N_j = 0.4 f_c bh_0 + \sigma'_{pa}A'_p + f'_s A'_s - f_p A_p - f_s A_s \tag{5.2.1-6}$$

$$e_j = \frac{0.32 f_c bh_0^2 + \sigma'_{pa}A'_p(h_0 - a'_p) + f'_s A'_s(h_0 - a'_s)}{N_j} \tag{5.2.1-7}$$

$$c = \frac{0.5 f_c bh_0^2 + \sigma'_{pa}A'_p(h_0 - a'_p) + f'_s A'_s(h_0 - a'_s)}{N_0} \tag{5.2.1-8}$$

$$e_0 = e - c \tag{5.2.1-9}$$

$$e_{j0} = e_j - c \tag{5.2.1-10}$$

式中：N_0——全截面均匀受压破坏时的轴向压力(MN)；

N_j——截面破坏处于大、小偏心界限状态时的轴向压力(MN)；

c，e_j——轴向力 N_0 及 N_j 至钢筋 A_s 与 A_p 合力点的距离(m)，当截面对称配筋时，$c=\frac{1}{2}(h_0 - a')$；

σ_{pa}——相应于混凝土破坏时预应力钢筋 A_p 中的应力(MPa)，可按现行行业标准《铁路桥涵混凝土结构设计规范》TB 10092 计算；

e_0——轴向力 N 至截面轴心（即 N_0 作用点）的距离（m）；

e_{j0}——轴向力 N_j 至截面轴心的距离（m）。

5.2.2 桥墩计算时，应考虑构件在弯矩作用平面内的挠度对轴向力偏心距增大的影响，应将轴向力对截面轴心的偏心距乘以偏心距增大系数 η。η 可按下式计算：

$$\eta = \frac{1}{1 - \frac{KNl_0^2}{\alpha \pi^2 E_c I_c}} \tag{5.2.2-1}$$

$$\alpha = \frac{0.1}{\left(0.2 + \frac{e_0}{h}\right)} + 0.16 \tag{5.2.2-2}$$

式中：E_c——混凝土弹性模量（MPa）；

l_0——构件计算长度（m）；

I_c——混凝土截面的惯性矩（m^4）；

α——考虑偏心距对 η 值的影响系数；

N——计算轴向力（MN），当预应力筋与混凝土间无粘结力时，式（5.2.2-1）中 N 应取为轴向力 N 与预应力 N_p 之和；

η——偏心距增大系数；

h——弯曲平面内的截面高度（m）。

5.2.3 大偏心受压构件偏心距增大系数应考虑接缝对其弯矩作用平面内的挠度增大的影响，增大系数应提高 1.1 倍。

5.2.4 不设剪力键的大偏心受压构件，接缝截面的抗剪承载力应满足下式的要求：

$$V \leqslant 0.35N + 0.25(f_s A_s + f_p A_p) \tag{5.2.4}$$

式中：V——计算剪力（MN）；

N——计算轴向力（MN）。

5.3 应力计算

5.3.1 桥墩按现行行业标准《铁路桥涵混凝土结构设计规范》TB 10092分别验算预加应力、运送、安装和运营阶段的混凝土正应力。

5.3.2 在运营阶段主力、主力＋附加力荷载组合作用下，施加预应力的预制桥墩应符合下列规定：

1 主力组合作用时

$$\sigma_{ct} \leqslant 0 \tag{5.3.2-1}$$

2 主力＋附加力组合作用时

$$\sigma_{ct} \leqslant 0.7 f_{ct} \tag{5.3.2-2}$$

式中：σ_{ct} ——设计荷载及预应力钢筋有效预应力在混凝土截面受拉边缘产生的应力（MPa），受拉为正；

f_{ct} ——混凝土抗拉极限强度（MPa）。

3 受拉区体内纵向连续钢筋的配筋率不应小于0.2%。

5.3.3 不设预应力的灌浆套筒或灌浆金属波纹管桥墩，应依据现行行业标准《铁路桥涵混凝土结构设计规范》TB 10092 按现浇桥墩分别验算混凝土压应力、剪应力、钢筋拉应力，并应满足以下条件：

1 在主力组合作用时

$$\sigma \leqslant 0.6 f_{ct} \tag{5.3.3-1}$$

式中：σ ——计算荷载在混凝土截面受拉边缘产生的正应力，受拉为正（MPa）。

2 主力＋附加力组合作用时，应验算裂缝宽度。裂缝宽度容许值为 0.1 mm，裂缝宽度按现浇桥墩进行计算。

5.3.4 运营阶段设计荷载作用下，预应力钢筋（钢丝、钢绞线）最大应力应符合下式的规定：

$$\sigma_p \leqslant 0.6 f_{pk} \tag{5.3.4}$$

式中：σ_p ——预应力钢筋应力(MPa)；

f_{pk} ——预应力钢筋抗拉强度标准值(MPa)。

5.3.5 桥墩应按现行行业标准《铁路桥涵混凝土结构设计规范》TB 10092 检算钢筋应力幅；大偏心桥墩钢筋的应力幅应考虑接缝对其应力增大的影响，增大系数可取 1.1。

5.3.6 不允许出现拉应力的预应力桥墩，应按下列公式计算正截面抗裂性：

$$K_f \sigma \leqslant \sigma_c + \gamma f_{ct} \tag{5.3.6-1}$$

$$\gamma = \frac{2S_0}{W_0} \tag{5.3.6-2}$$

注：1) 对于小偏心构件，$\gamma = 1$。

2) 应考虑拼接缝处抗裂性的降低，降低值应根据试验确定。采用环氧树脂接缝时，抗裂性可按 $0.5\gamma f_{ct}$ 计算，抗裂安全系数提高至 1.25；采用水泥砂浆接缝时，抗裂性可按 f_{ct} 计算。

式中：K_f ——抗裂安全系数，按现行行业标准《铁路桥涵混凝土结构设计规范》TB 10092 要求采用；

σ_c ——扣除相应阶段预应力损失后混凝土的预压应力(MPa)；

γ ——考虑混凝土塑性的修正系数；

W_0 ——对所检算的拉应力边缘的换算截面抵抗矩(m^3)；

S_0 ——换算截面重心轴以下的面积对重心轴的面积矩(m^3)。

5.4 刚度计算

5.4.1 位于无缝线路固定区的混凝土简支梁桥墩，其墩顶纵向水平线刚度应由梁-轨共同作用分析确定；当不进行梁-轨共同作用分析时，墩顶纵向水平线刚度不宜小于表 5.4.1-1 和表 5.4.1-2 的规定。

表 5.4.1-1　桥墩墩顶纵向水平线刚度限值($v \leqslant 120$ km/h)

跨度 L(m)	最小水平线刚度(kN/cm)	
	双线	单线
$L \leqslant 20$	190	115
$20 < L \leqslant 30$	240	145
$30 < L \leqslant 40$	320	195

表 5.4.1-2　桥墩墩顶纵向水平线刚度限值(120 km/h $< v \leqslant$ 160 km/h)

跨度 L(m)	最小水平线刚度(kN/cm)	
	双线	单线
$L \leqslant 24$	210	130
$24 < L \leqslant 32$	265	165
$32 < L \leqslant 40$	415	255

注:当预制桥墩墩顶纵向水平刚度不满足表中规定时,应进行无缝线路检算。

5.4.2　计算铺设无缝线路及无砟轨道桥梁的桥墩纵向水平线刚度时,其截面刚度应按 $0.8E_cI$ 计算。I 为截面惯性矩(m^4)。

5.4.3　区间桥梁墩顶弹性水平位移应符合下列规定:

顺桥方向

$$\Delta \leqslant 5\sqrt{L} \qquad (5.4.3\text{-}1)$$

横桥方向

$$\Delta \leqslant 4\sqrt{L} \qquad (5.4.3\text{-}2)$$

式中:L——桥梁跨度(m),当为不等跨时,采用相邻跨中的较小跨度,当 $L < 25$ m 时,L 按 25 m 计;

Δ——墩顶顺桥或横桥方向水平位移(mm),包括墩身和基础的弹性变形及地基弹性变形的影响。大偏心预制桥墩水平位移(Δ)值应考虑接缝对其水平位移增大的影响,增大系数可取 1.1。

6 抗震设计

6.1 一般规定

6.1.1 本章仅适用于采用灌浆套筒连接、灌浆金属波纹管连接、无粘结预应力筋与普通钢筋组合连接的预制拼装桥抗震性能验算；预制拼装桥墩桥梁抗震设计应符合相关规范的要求。

6.1.2 预制拼装桥墩桥梁抗震设防类别及相应的地震作用应采用现行国家标准《铁路工程抗震设计规范》GB 50111 或《城市轨道交通结构抗震设计规范》GB 50909 的规定。

6.1.3 按本标准进行抗震设计的预制拼装桥墩，应达到的抗震性能要求如下：

性能要求Ⅰ：地震后不损坏或轻微损坏，能够保持其正常使用功能；结构处于弹性工作阶段。

性能要求Ⅱ：地震后可能损坏，经修补，短期内能恢复其正常使用功能。

性能要求Ⅲ：地震后桥墩可能产生较大破坏，但不出现整体倒塌，经抢修后可限速通车；但桥墩的塑性铰区域应具有足够的塑性变形能力。

6.1.4 多遇地震作用下预制拼装桥墩应满足性能要求Ⅰ，罕遇地震作用下预制拼装桥墩应满足性能要求Ⅲ。

6.1.5 罕遇地震作用下预制拼装桥墩中的无粘结预应力钢筋应在弹性范围内工作。

6.1.6 预制拼装桥墩斜截面抗剪，盖梁和基础应按能力保护原则设计，在罕遇地震作用下不发生损伤。

6.2 分析、验算方法

6.2.1 对于采用灌浆套筒和灌浆金属波纹管连接的桥墩，顺桥向和横桥向多遇地震作用效应按相关规范组合后，应按现行规范和标准中有关规定验算桥墩的强度。

6.2.2 对于采用无粘结预应筋与普通钢筋组合连接的桥墩，顺桥向和横桥向多遇地震作用效应按相关规范组合后，应按下式验算桥墩的强度：

$$M \leqslant M_{y0} \tag{6.2.2}$$

式中：M ——顺桥向和横桥向多遇地震的计算弯矩，按相关规范组合后桥墩截面所受到的计算弯矩；

M_{y0} ——对于无粘结预应筋与普通钢筋组合连接的桥墩 M_{y0} 可根据本标准附录 A 截面弯矩-转角分析曲线得到的相应于普通钢筋屈服时的初始屈服弯矩。

6.2.3 桥墩中间拼接缝应设置在地震弯矩较小的部位，罕遇地震作用下中间接缝处应不产生拉应力。

6.2.4 罕遇地震作用下，应按下列公式验算顺桥向和横桥向桥墩墩顶的位移或桥墩潜在塑性铰区域塑性转动能力。对高宽比小于 2.5 的桥墩，可不验算桥墩墩顶位移，但应按本标准第 6.2.9 条验算抗剪强度。

$$\Delta_d \leqslant \Delta_u \tag{6.2.4-1}$$

$$\theta_p \leqslant \theta_u \tag{6.2.4-2}$$

式中：Δ_d ——罕遇地震作用下墩顶的位移(cm)；

Δ_u ——桥墩容许位移(cm)，按本标准第 6.2.6 条计算；

θ_p ——罕遇地震作用下，潜在塑性铰区域的塑性转角(rad)；

θ_u ——塑性铰区域的最大容许转角(rad),可按本标准第 6.2.5 条计算。

6.2.5 塑性铰区域的最大容许转角应按以下方法计算:

1 灌浆套筒和灌浆金属波纹管连接桥墩塑性铰区域的最大容许转角应按下式计算:

$$\theta_u = L_p^{sp}(\phi_u - \phi_y) / K_\mu \tag{6.2.5-1}$$

式中:ϕ_y ——截面的等效屈服曲率(1/cm),一般情况下,可按本标准第 6.2.7 条计算;

ϕ_u ——极限破坏状态的曲率能力(1/cm),一般情况下,可按本标准第 6.2.8 条计算;

K_μ ——延性安全系数,取 2.0;

L_p^{sp} ——等效塑性铰长度(cm)。

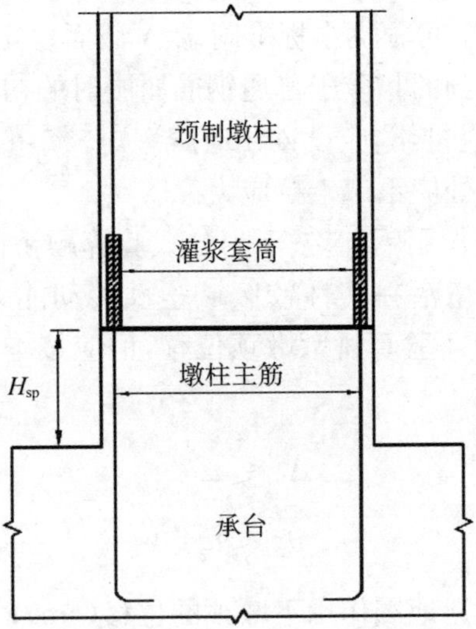

图 6.2.5　灌浆套筒位于桥墩潜在塑性铰区域内

1）灌浆套筒位于桥墩潜在塑性铰区域时，L_{p}^{sp} 按下式计算：

$$L_{p}^{sp}=L_{p}-\left(1-\frac{H_{sp}}{L_{p}}\right)\beta L_{sp}\leqslant L_{p} \qquad (6.2.5\text{-}2)$$

式中：L_{sp} ——灌浆套筒长度(cm)；

L_{p} ——整体现浇桥墩的塑性铰长度(cm)，取下式较小值；

$$L_{p}=0.08H+0.022f_{sk}d_{s}\geqslant 0.044f_{sk}d_{s} \qquad (6.2.5\text{-}3)$$

$$L_{p}=\frac{2}{3}b \qquad (6.2.5\text{-}4)$$

H ——悬臂桥墩的高度或塑性铰截面到反弯点的距离(cm)；

b ——矩形截面的短边尺寸或圆形截面直径(cm)；

f_{sk} ——纵向普通钢筋抗拉强度标准值(MPa)；

d_{s} ——纵向普通钢筋的直径(cm)；

H_{sp} ——套筒底端与承台之间的垂直距离(cm)；

β ——连接段刚性长度因子，建议取 0.65。

2）套筒或金属波纹管位于承台或盖梁内时：

$$L_{p}^{sp}=L_{p} \qquad (6.2.5\text{-}5)$$

2 当采用无粘结预应力筋与普通钢筋组合连接时，可采用下式计算接缝处最大容许转角：

$$\theta_{u}=\theta_{pu}/K_{\mu} \qquad (6.2.5\text{-}6)$$

式中：θ_{pu} ——用本标准附录 A 的截面 $M\text{-}\theta$ 分析方法计算出的接缝处极限转角(rad)。

6.2.6 桥墩容许位移可按下式计算：

1 单柱墩容许位移可按下式计算：

$$\Delta_{u}=\frac{1}{3}H^{2}\times\phi_{y}+\left(H-\frac{L_{p}^{sp}}{2}\right)\times\theta_{u} \qquad (6.2.6)$$

式中：ϕ_y——对于采用灌浆套筒、灌浆金属波纹管连接预制拼装桥墩取截面的等效屈服曲率(1/cm)，按本标准第6.2.7条计算；对于采用墩无粘结预应力筋与普通钢筋组合连接的预制拼装桥墩，取接缝截面对应于消压临界状态时截面的曲率(1/cm)，按本标准附录A计算；

L_p^{sp}——等效塑性铰长度(cm)，当采用无粘结预应力筋与普通钢筋组合连接的预制拼装桥墩，L_p^{sp} 取0。

2 对于双柱墩、排架墩，其顺桥向的容许位移可按本标准中式(6.2.6)计算，横桥向的容许位移可在盖梁处施加水平力 F（图6.2.6），进行非线性静力分析，当桥墩的任一塑性铰达到其最大容许转角时，盖梁处的横向水平位移即为容许位移。

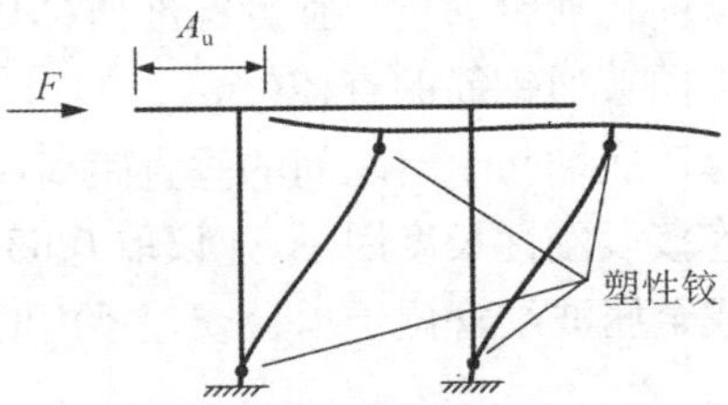

图6.2.6 双柱墩的容许位移

6.2.7 截面的等效屈服曲率 ϕ_y 和等效屈服弯矩 M_y 可通过把实际的轴力-弯矩-曲率曲线等效为理想弹塑性轴力-弯矩-曲率曲线来求得，等效方法可根据图6.2.7中两个阴影面积相等求得，计算中应考虑最不利轴力组合。

6.2.8 极限破坏状态的曲率能力 ϕ_u 应通过考虑最不利轴力组合的 P-M-ϕ 曲线确定，为约束混凝土应变达到极限压应变 ε_{cu}，或约束钢筋达到折减极限应变 ε_{su}^R，或纵筋达到折减极限应变 ε_{lu}^R 时相应的曲率。

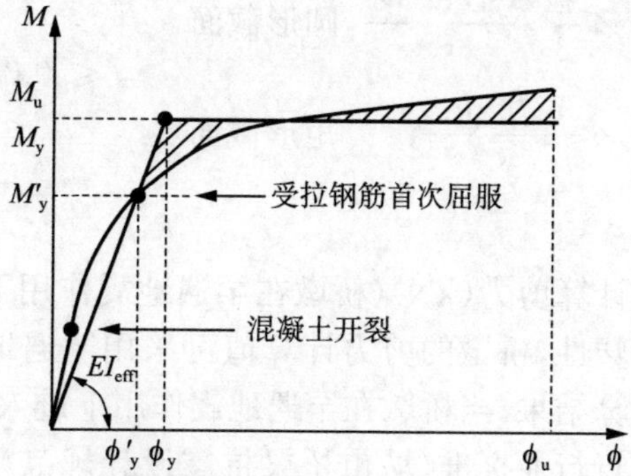

图 6.2.7 等效屈服曲率

6.2.9 灌浆套筒和灌浆金属波纹管连接预制拼装桥墩塑性铰区域沿顺桥向和横桥向的斜截面抗剪强度应按下列公式验算：

$$V \leqslant \psi(V_c + V_s) \tag{6.2.9-1}$$

$$V_c = 0.1\,v_0 A_e \tag{6.2.9-2}$$

$$v_0 = \begin{cases} 0, & N_{min} \leqslant 0 \\ \lambda\left(1 + \dfrac{N_{min}}{11.7 \times A_g}\right)\sqrt{f_c} \leqslant \min\begin{cases} 0.42\sqrt{f_c} \\ 1.74\lambda\sqrt{f_c} \end{cases}, & N_{min} > 0 \end{cases} \tag{6.2.9-3}$$

$$0.03 \leqslant \lambda = \frac{\rho_s f_{skh}}{10} + 0.38 - 0.1\,\mu_\Delta \leqslant 0.3 \tag{6.2.9-4}$$

$$\rho_s f_{skh} = \begin{cases} \dfrac{4A_{sp}}{sD'}, \text{圆形截面} \\ \dfrac{2A_v}{bs}, \text{矩形截面} \end{cases} \leqslant 2.4 \tag{6.2.9-5}$$

$$V_s=\begin{cases}0.1\times\dfrac{\pi}{2}\dfrac{A_{sp}f_{skh}D'}{s}, & \text{圆形截面}\\[2ex] 0.1\times\dfrac{A_v f_{skh}h_{e0}}{s}, & \text{矩形截面}\end{cases}\leqslant 0.08\sqrt{f_c}A_e \tag{6.2.9-6}$$

式中：V——计算剪力(kN)(桥墩在罕遇地震作用下如果未进入塑性，桥墩的剪力计算值可采用罕遇地震作用的计算结果；当桥墩在罕遇地震作用下进入塑性，可按现行行业标准《城市桥梁抗震设计规范》CJJ 166 规定的能力保护原则进行计算)；

f_c——混凝土轴心抗压极限强度(MPa)；

A_e——截面核芯混凝土面积，可取 $A_e=0.8A_g$ (cm^2)；

A_g——墩柱塑性铰区域截面全面积(cm^2)；

μ_Δ——墩柱位移延性系数，为罕遇地震作用下墩柱位移 Δ_d 与墩柱塑性铰屈服时的位移之比；

N_{min}——墩柱截面最小轴压力(kN)；

A_{sp}——螺旋箍筋面积(cm^2)；

A_v——计算方向上箍筋面积总和(cm^2)；

s——箍筋的间距(cm)；

f_{skh}——箍筋抗拉强度标准值(MPa)；

b——墩柱的宽度(cm)；

D'——螺旋箍筋环的直径(cm)；

h_{e0}——核心混凝土受压边缘至受拉侧钢筋重心的距离(cm)；

ψ——抗剪强度折减系数，$\psi=0.85$。

7 构造要求

7.1 一般规定

7.1.1 预制桥墩构造设计除满足本标准要求外，尚应符合现行行业标准《铁路桥涵设计规范》TB 10002 和《铁路桥涵混凝土结构设计规范》TB 10092 的要求。

7.1.2 桥墩设计中，应考虑预应力筋管道、钢筋、灌浆套筒或灌浆金属波纹管相互之间的合理布置，并在设计图纸中给予说明。

7.1.3 采用无粘结预应力的实心桥墩中，预应力筋位置宜居中对称布置。

7.2 桥墩构造

7.2.1 墩柱纵向钢筋宜采用大直径钢筋，钢筋直径不宜小于 20 mm，纵向钢筋之间的中心距不宜大于 200 mm，且每隔一根宜用箍筋或拉筋固定。

7.2.2 连接套筒设置在墩身且位于潜在塑性铰区域内时，箍筋加密区的长度不应小于连接套筒的高度加 $5d$（d 为连接套筒外径）范围，矮柱（$H/b<2.5$）的墩柱箍筋应全高加密。

7.2.3 桥墩的纵向钢筋应贯通盖梁和承台的竖向厚度，纵向钢筋的锚固长度应在现行行业标准《铁路桥涵混凝土结构设计规范》TB 10092 要求的基础上增加 $10\,d_s$（d_s 为纵向钢筋的直径）。

7.2.4 桥墩墩身塑性铰加密区域配置的箍筋应延伸到盖梁和承台内，当灌浆套筒或灌浆金属波纹管位于盖梁或承台内时，在满足现行抗震设计规范构造要求的情况下，延伸到盖梁和承台的距离还应不小于灌浆套筒或灌浆金属波纹管的高度。

7.2.5 预应力筋管道净距不应小于 50 mm，且不应小于管道外径的 0.8 倍。

7.2.6 预应力筋管道表面与结构表面之间的保护层厚度不应小于 1 倍管道外径，且不小于 50 mm。

7.2.7 在后张法结构中，在锚下应设置分布钢筋网。

7.2.8 后张法预应力混凝土结构中的管道面积不宜小于 2 倍钢丝束面积。

7.3 连接构造

7.3.1 桥墩中的灌浆套筒和主筋净保护层厚度应满足现行行业标准《铁路混凝土结构耐久性设计规范》TB 10005 的要求，且不宜小于 35 mm，采用高性能混凝土时，不宜小于 25 mm。套筒间净距不宜小于以下三个条件中的大值：25.4 mm、骨料最大粒径的 1.33 倍、被连接纵向钢筋的直径 d_s。

7.3.2 位于盖梁和(或)承台内的灌浆套筒，套筒工厂端钢筋外露长度不宜小于 20 倍纵向钢筋直径。

7.3.3 墩柱与承台或墩柱与盖梁之间的拼装接缝砂浆垫层厚度宜为 20 mm～30 mm，同类型构件之间的环氧接缝厚度不宜大于 3 mm。

7.3.4 对于不施加预应力的预制桥墩，墩柱与承台拼接接缝宜嵌入承台，并不少于 50 mm。

7.3.5 预制拼装盖梁采用上下分层建造时，当具有可靠层间传剪措施时，下层预制构件与上层现浇之间可不使用剪力键；预制拼装盖梁采用竖向分段预制拼装建造时，预制构件的拼接面宜采用剪力键方式。

8 预制与施工

8.1 一般规定

8.1.1 预制厂选址应根据工程量、工程进度、运输条件等因素综合考虑。

8.1.2 大体积混凝土结构施工应符合现行国家标准《大体积混凝土施工标准》GB 50496 的规定。

8.1.3 墩柱与承台和墩柱与盖梁之间拼接缝处的混凝土面应凿毛至完全露出混凝土的粗骨料，粗糙面凹凸大于 4 mm，并应用洁净水冲洗干净。

8.1.4 预制拼装应控制各拼接面砂浆垫层厚度，并确保墩顶标高满足设计要求。桥墩预制时，高度应考虑各拼接面砂浆垫层总厚度。

8.1.5 结构钢筋、混凝土、模板、支架除应符合本章要求外，尚应符合现行国家标准《地下铁道工程施工标准》GB/T 51310 的规定。

8.1.6 对于特殊气候条件下的生产（冬期、雨期和热期），宜符合现行行业标准《公路桥涵施工技术规范》JTG/T 3650 的规定。

8.1.7 预制构件吊点可采用钢绞线，弯曲半径不应小于 50 mm，其相关性能应符合现行国家标准《预应力混凝土用钢绞线》GB/T 5224 的规定。只存在垂直吊工况时，吊环的拉应力不应大于 500 MPa；存在垂直吊和翻身吊组合工况时，吊环的拉应力不应大于 400 MPa。吊点设计应符合下列要求：

1 吊点设计时，应进行吊装荷载作用下构件验算，还应对吊点混凝土局部进行验算。

2 当一个构件设有4个吊点时，应按3个吊点进行计算，且应根据构件重心位置和吊装工况按照最不利工况分配吊点荷载。

3 构件翻身次数超过3次及以上，单个钢绞线吊环强度应通过现场同工况试验确定，由试验确定的钢绞线吊环安全系数应大于2.5。

8.2 预 制

8.2.1 预制厂地基处理应考虑预制台座、存放台座、机械设备和其他生产工具的荷载大小，应具备足够的承载能力，预制台座和存放台座应无不均匀沉降。

8.2.2 预制构件生产前，应编制生产方案，具体内容包括生产计划及生产工艺、模具方案及计划、技术质量控制措施、成品存放、运输、吊装、保护方案等。

8.2.3 灌浆套筒（或灌浆金属波纹管）工厂内安装前应按厂家提供的有效的型式检验报告及产品说明书检查灌浆套筒（或灌浆金属波纹管）外观质量、尺寸和配件等。

8.2.4 灌浆套筒（或灌浆金属波纹管）和无粘结预应力筋预埋管与进/出浆管的连接部位应确保密封可靠，防止漏浆。

8.2.5 灌浆套筒（或灌浆金属波纹管）出浆口和注浆口，应避让密封塞、盖梁底部钢筋，并通过添加定位钢筋和钢筋骨架整体进行位置固定。

8.2.6 灌浆套筒与箍筋连接宜采用铁丝绑扎连接，不得采用焊接连接。

8.2.7 灌浆金属波纹管的埋设应采取可靠措施，保证构件预制过程中灌浆金属波纹管内径尺寸。

8.2.8 桥墩钢筋笼应在专用胎架上制作加工成型，钢筋胎架应安拆便捷且有足够的强度、刚度，确保钢筋定位精度控制符合要求。

8.2.9 桥墩主筋的下料长度应严格控制，允许偏差为±2 mm，端部应保持平齐，并安装主筋定位盘保证留出筋在翻转、浇筑过程中不偏位。

8.2.10 桥墩钢筋笼应安装吊点预埋件、现场调节设备用的预埋件、支座预埋件、预应力管道及锚具等各类预埋件。

8.2.11 构件模具宜采用专门设计的钢模具，应具有足够的强度、刚度和稳定性，应能承受预制生产过程中所产生的各种荷载。模具的表面应平整、光洁，接缝处应严密不漏浆。

8.2.12 混凝土浇筑前应进行隐蔽工程验收，除检查模具、隔离剂及隔离剂涂刷、预留孔道、配件和预埋件等外，应重点对构件钢筋笼主筋、灌浆套筒（或灌浆金属波纹管）及预应力管道（无粘结）定位进行检查，其允许偏差均为±2 mm。

8.2.13 墩柱宜竖向预制，节段墩柱可匹配法预制。混凝土应一次浇筑完成。

8.2.14 构件拆模后，应及时检查灌浆套筒、灌浆金属波纹管、预应力管道是否干净通畅，确保无水泥浆等杂物；对预制构件外露钢筋、吊点、灌浆套筒、预应力管道应设置保护措施。

8.2.15 预制构件应按吊运及安装顺序进行存放，且应有一定的通道。存放时，墩柱宜垂直存放，盖梁、系梁宜水平存放，均不得叠放。

8.2.16 产品标识宜采用数字化编码。

8.3 运输与吊装

8.3.1 施工单位编制的运输吊装方案应符合现行行业标准《建筑机械使用安全技术规程》JGJ 33 的要求，方案经相关单位批复后方能实施作业。

8.3.2 龙门吊、吊车、吊具、吊架等大型吊装设备应进行专项检测，出具有效安全检验合格证，并应进行定期维护保养。操作人员应进行专业培训，并取得相应的证书。

8.3.3 预制桥墩在脱底模、移动、存放和吊装时，混凝土强度应不低于设计规定的吊装强度；设计未规定时，应不小于设计强度的80%。

8.3.4 吊绳与起吊构件的交角小于60°时，应设置吊架或起吊扁担，使吊环垂直受力。

8.3.5 场外运输时，应综合评估运输路线、路况以及结构物承载能力，确保满足构件运输要求，并取得相关许可。

8.3.6 运输车装载构件时，支撑保护方案包含支撑点设置、外露钢筋的保护等，应专项设计并报送相关单位，方案批复后方能运输；运输前应按支撑方案检查，确保构件支撑措施牢固可靠、安全。

8.3.7 构件运输时，应行进缓慢、平稳前进，并采取防护措施，避免在装卸和运输过程中产生任何形式的损伤和变形。

8.4 拼 装

8.4.1 拼装前应由勘测单位对控制性桩点进行现场交桩，施工单位应在复测原控制网的基础上，根据施工需要适当加密、优化，并建立满足拼装精度要求的施工测量控制网。

8.4.2 拼装前施工单位应设计专项施工方案，明确预制拼装桥梁各部位施工工艺、安全风险源及应急措施，并按管理规定对各级人员进行交底。

8.4.3 灌浆套筒、灌浆金属波纹管内灌浆料强度大于35 MPa和砂浆垫层强度大于30 MPa后方可进行下一步施工。如果下一工序是预应力张拉或施工导致桥墩出现拉应力，则灌浆料强度和砂浆垫层强度宜大于60 MPa后进行。

8.4.4 环氧粘结剂应均匀涂刷，覆盖整个匹配面，涂抹厚度以3 mm为宜，涂刷时间宜控制在30 min内；施加临时预应力时，环氧粘结剂应在全断面均匀挤出，同时应对孔道口做好防护，严禁环氧粘结剂进入预应力筋孔道；冬季施工时，应对环氧粘结剂采取保温措施。

8.4.5 承台混凝土浇筑前、后应对预留钢筋、灌浆套筒或灌浆金属波纹管、预应力管道（无粘结）定位进行检查，允许偏差为±2 mm。

8.4.6 承台施工时应控制墩柱与承台拼接面的坐标、标高和水平度。坐标及标高允许偏差为±2 mm，水平度允许偏差为±5 mm/m，拼装前应对拼接面的坐标、标高和水平度进行复测。

8.4.7 墩柱与承台拼装、盖梁与墩柱拼装时，在拼接缝位置上，应布置调节垫块，调节垫块总高度控制在 10 mm～30 mm，材质和强度应符合设计要求。

8.4.8 墩柱节段拼装前应对墩柱节段拼接缝进行表面处理，确保表面无油、无水及无可见粉灰。

8.4.9 桥墩与承台应按以下工艺流程拼装：

拼接面凿毛、清理→拼接缝测量→充分湿润拼接缝表面→调节垫块找平→铺设挡浆模板→铺设砂浆垫层→桥墩吊装就位→调节设备安放→垂直度、标高测量→调节桥墩垂直度→索体穿束→套筒（灌浆金属波纹管）灌浆→锚具安装与张拉→灌浆与封锚。

8.4.10 墩柱节段间应按以下工艺流程拼装：

表面处理并充分干燥→拼接缝测量→涂刷环氧粘结剂→墩柱节段拼装→安放调节设备→垂直度、标高测量→调节墩柱垂直度→索体穿束→套筒（灌浆金属波纹管）灌浆→锚具安装与张拉→灌浆与封锚。

8.4.11 桥墩拼装后，宜采用千斤顶及反力架调节桥墩标高和垂直度，并作为临时支承措施。

8.4.12 桥墩调节完成时，应保证承台与桥墩拼接面浆液饱满。

8.4.13 盖梁与墩柱拼装采用无粘结预应力时，应按以下工艺流程拼装：

拼接面清理→拼接缝测量→铺设挡浆模板→调节垫块找平→拼接缝表面充分湿润→铺设砂浆垫层→盖梁吊装就位→调节盖梁空间坐标→索体穿束→套筒灌浆→锚具安装与张拉→灌浆与封锚。

8.4.14 桥墩节段拼装采用竖向预应力时，锚具安装和张拉应满足下列要求：

1 在张拉端安装工作锚板和工作夹片后，再安装张拉工具和设备。

2 张拉时先张拉到控制张拉应力的10%，观察张拉无异常，分别记录油压和伸长值；最后张拉至100%控制张拉力，持荷5 min放张锚固。

8.4.15 盖梁间节段拼装前应进行拼接面预处理，清除尘土、油脂等污染物及松散混凝土与浮浆后，应进行冲洗，然后进行干燥处理。

8.4.16 盖梁间节段拼装按拼装部位分固定段和拼装段。固定段拼装可按本标准第8.4.13条进行；拼装段应按以下工艺流程拼装：

表面处理并充分干燥→涂刷环氧粘结剂→拼装段节段盖梁拼装→安装临时固定措施装置→盖梁轴线、标高测量→节段盖梁调整→张拉临时固定措施装置→永久预应力钢筋施工→拆除临时固定措施装置。

8.4.17 临时预应力钢筋和永久预应力钢筋的布置、预应力钢筋类型、张拉顺序、张拉力应严格按照设计方案执行。

8.4.18 临时预应力钢筋的张拉力应符合设计要求，并应满足反复多次张拉的作业要求。

8.4.19 临时预应力应在盖梁永久预应力张拉完成且波纹管内灌浆料达到设计要求强度之后，才能拆除。

8.5 灌浆连接工艺

8.5.1 灌浆连接施工前，需编制《灌浆连接专项方案》，明确吊装灌浆工序、作业时间节点、灌浆料拌合、补灌工艺和坐浆工艺等要求。

8.5.2 灌浆操作人员应进行相关专业培训，合格后方可作业。

8.5.3 灌浆套筒或灌浆金属波纹管中使用的高强无收缩水泥灌浆料的技术指标应符合设计规定。高强无收缩水泥灌浆料应在拼装前一天进行流动度测试及 1 d 龄期抗压强度测试，符合设计规定后方可用于现场拼装连接。

8.5.4 灌浆应按以下工艺流程操作：

灌浆料倒入搅拌设备→计算水量并精确称重→专用设备高速搅拌→浆料倒入储浆装置→浆料倒入灌浆设备并连接注浆口压浆→出浆口出浆或端部出浆→持续出浆后停止压浆并塞入止浆塞→下一个套筒或金属波纹管压浆。

8.5.5 灌浆操作过程应有专职检验人员负责旁站监督，及时形成施工质量检查记录，并应留置影像资料。

8.5.6 出浆口应安装 L 型弯管，管口超出出浆口不应小于 150 mm。

8.5.7 预应力管道宜由下往上灌浆，灌浆宜采用水泥浆。

8.5.8 灌浆完成后应及时清理残留在构件上的多余浆体。

9 质量验收

9.1 一般规定

9.1.1 预制拼装桥墩验收除应符合本标准规定外，尚应符合现行国家标准《地下铁路工程施工质量验收标准》GB/T 50299 的规定。

9.1.2 预制构件的质量检验是在预制工厂检查合格的基础上进行进场验收，外观质量、尺寸偏差应全数检查。

9.1.3 检验批的质量应按主控项目和一般项目进行验收。

9.1.4 检验批合格质量应符合下列规定：

1 主控项目的质量经抽样检验全部合格。

2 一般项目的质量经抽样检验全部合格。其中，有允许偏差的抽查点除有专门要求外，80%及以上的抽查点应控制在规定允许偏差内，且不得有严重缺陷。

9.2 主控项目

9.2.1 专业企业生产的预制构件、灌浆套筒及灌浆料应具有相关质量证明文件，其质量应符合国家相关标准的规定和设计要求。

检验数量：全数检查。

检验方法：检查质量证明文件或质量验收记录。

9.2.2 预制构件上的预埋件、预留插筋、预应力孔道、支座垫石等的规格和数量应符合设计要求。

检验数量：全数检查。

检验方法：观察、卷尺测量。

9.2.3 预制构件起吊时，结构混凝土强度和预应力孔道灌浆料强度应达到设计文件要求强度的80%以上。

检验数量：全数检查。

检验方法：检测同条件养护试块。

9.2.4 预制构件底部砂浆垫层强度应满足设计要求。

检验数量：每工作班同一配合比应制作至少1组边长为70.7 mm的立方体试件，标准养护28 d后进行抗压强度试验。

检验方法：检查砂浆强度检测报告。

9.2.5 高强无收缩水泥灌浆料应满足设计要求。

检验数量：每个拼接部位应制作至少1组边长为40 mm×40 mm×160 mm的试件，标准养护28 d后进行抗压强度试验。

检验方法：检查灌浆料强度检测报告。

9.2.6 套筒灌浆时，可通过预埋传感器法检测灌浆饱满性。如检测灌浆不饱满，应随即进行二次灌浆，二次灌浆后应进行复测，直至灌浆饱满。

检验数量：可根据现场灌浆工艺检验要求确定。

检验方法：检查套筒灌浆饱满性检测报告。

9.2.7 套筒灌浆结束后不少于3 d，可通过钻孔内窥镜法检测灌浆饱满性。如检测灌浆不饱满，应按现行行业标准《钢筋套筒灌浆连接应用技术规程》JGJ 355的规定进行处理。

检验数量：可按现行国家标准《建筑结构检测技术标准》GB/T 50344确定。

检验方法：检查套筒灌浆饱满性检测报告。

9.2.8 预制混凝土构件结合面粗糙度或键槽尺寸应符合设计要求。

检验数量：按照进场检验批，同一规格（品种）的构件每次抽检数量不应少于该规格（品种）数量的5%且不少于5件，少于5件则全数检查。

检验方法：检查预制混凝土构件结合面粗糙度或键槽尺寸检测报告。

9.3 一般项目

9.3.1 预制构件应有标识。

检验数量：全数检查。

检验方法：观察。

9.3.2 预制构件表面应无空洞、露筋、蜂窝、麻面和缺棱掉角等现象。

检验数量：全数检查。

检验方法：观察。

9.3.3 预制桥墩构件尺寸偏差及检验方法应符合表 9.3.3 的规定；设计有专门规定时，尚应符合设计要求。

表 9.3.3 预制桥墩构件允许偏差及检验数量

<table>
<tr><th colspan="2">项目</th><th>允许偏差(mm)</th><th>检验数量</th></tr>
<tr><td colspan="2">断面尺寸(宽度、高度)</td><td>±2</td><td>每个构件检查 4 点</td></tr>
<tr><td colspan="2">构件长度</td><td>±5</td><td>每个构件检查 2 点</td></tr>
<tr><td colspan="2">表面平整度</td><td>3</td><td>每个构件检查 1 点</td></tr>
<tr><td colspan="2">保护层厚度</td><td>±5</td><td>每个构件检查 1 处</td></tr>
<tr><td rowspan="2">留出筋</td><td>位置</td><td>±2</td><td rowspan="2">每件</td></tr>
<tr><td>长度</td><td>−5,0</td></tr>
<tr><td rowspan="3">支座垫石</td><td>位置</td><td>±5</td><td rowspan="3">每件</td></tr>
<tr><td>高程</td><td>±5</td></tr>
<tr><td>PVC 管埋深</td><td>+20</td></tr>
<tr><td colspan="2">接地预埋钢板位置</td><td>±10</td><td>每件</td></tr>
<tr><td colspan="2">吊点位置</td><td>±20</td><td>每件</td></tr>
<tr><td colspan="2">灌浆套筒</td><td>±2</td><td>每件</td></tr>
<tr><td colspan="2">锚垫板位置、预埋件</td><td>±5</td><td>每件</td></tr>
<tr><td colspan="2">预应力孔道</td><td>±2</td><td>每件</td></tr>
</table>

9.3.4 承台的允许偏差及检验数量应符合表 9.3.4 的规定。

表 9.3.4 承台允许偏差及检验数量

项目		允许偏差(mm)	检验数量
断面尺寸		±20	检查两个断面
顶面高程		±2	检查 8 处～10 处
轴线偏位		±15	横纵各检查 2 点
结构高度		±20	检查 8 处～10 处
拼接面平整度		5 mm/m	横纵各检查 2 点
留出筋	位置	±2	每件
	长度	−5,0	
预应力孔道(无粘结)		±2	每件

9.3.5 桥墩拼装完成后,预制构件安装偏差应符合设计要求;当设计无要求时,应符合表 9.3.5 的规定。

表 9.3.5 桥墩拼装允许偏差及检验数量

项目	允许偏差(mm)	检验数量
平面位置	10	每个构件检查 2 点
相邻位置	±10	每个构件检查 1 点
垂直度	≤0.5%H,且不大于 20	每个构件检查 2 点
顶高程	±10	每个构件检查 1 点
节段段间错台	3	每个构件检查 4 点

附录 A　无粘结预应力筋和普通钢筋组合连接桥墩接缝截面 *M-θ* 分析

A.0.1　对于采用无粘结预应力筋和普通钢筋组合连接的桥墩，地震作用下，其接缝截面工作状态可分为 3 个阶段，即：初始阶段、消压临界状态和开裂阶段，如图 A.0.1 所示。

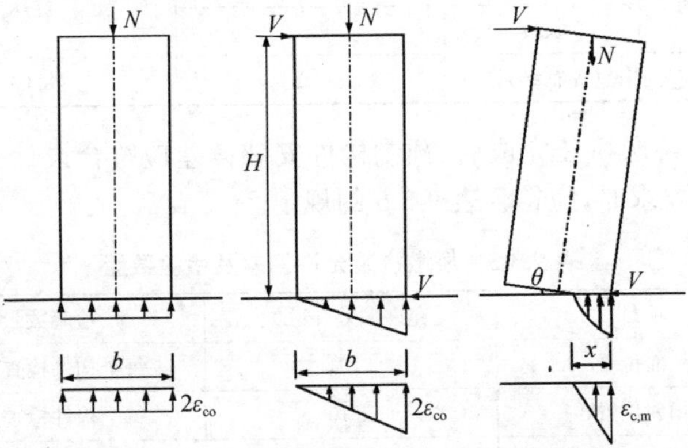

(a) 初始阶段　(b) 消压临界状态　(c) 开裂阶段

N—计算轴向压力（预应力＋抗震验算时上部结构传来的轴压力）；V—水平推力；b—加载方向墩柱的宽度；θ—墩底接缝转角；x—墩底截面受压区高度

图 A.0.1　接缝工作状态

1　初始阶段：接缝处于闭合状态，墩柱在弹性范围工作，如图 A.0.1(a)所示，接缝截面转角为 0，接缝截面曲率为

$$\Phi=\frac{M}{E_{c}I}=\frac{V\times H}{E_{c}I} \tag{A.0.1-1}$$

式中：E_c——混凝土弹性模量；

I ——墩柱全截面抗弯惯性矩。

2 消压临界状态：当水平作用力继续增大，墩底截面混凝土沿水平力作用方向的应变分布为三角形，接缝达到消压临界状态，如图 A.0.1(b)所示。墩底截面混凝土的最大应变为

$$\varepsilon_{cr}=\frac{2N}{E_c A} \tag{A.0.1-2}$$

式中：A ——墩柱截面接缝处毛面积。

3 开裂阶段：当水平力继续增大，接缝截面张开，墩底截面的一部分处于受压状态，如图 A.0.1(c)所示。

A.0.2 根据以上无粘结预应力和普通钢筋组合连接桥墩的 3 个工作阶段，接缝截面的 M-θ 分析可按如下步骤进行：

1 给定接缝处的截面转角 θ。

对于初始状态，接缝截面转角为 0，随着水平力增大，接缝开始张开，对于给定的转角 θ，接缝截面的受力与变形如图 A.0.2-1 所示。

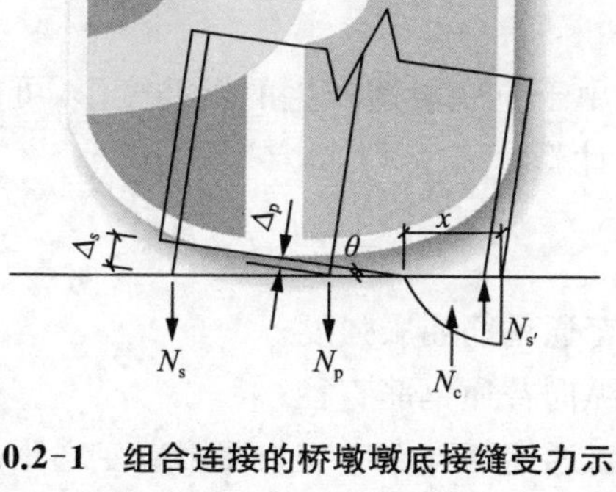

图 A.0.2-1 组合连接的桥墩墩底接缝受力示意图

2 假设截面受压区高度 x。

3 计算无粘结预应力筋的应变 $\varepsilon_p^{(i)}$。

对于第 i 根无粘结预应力筋，其与墩柱受压侧边缘的距离为 $h_p^{(i)}$，由给定的接缝转角 θ 和假设的截面受压区高度 x，可计算出第 i 根无粘结预应力筋的变形长度为

$$\Delta_{p}^{(i)} = (h_{p}^{(i)} - x)\theta \tag{A.0.2-1}$$

根据无粘结预应力筋的变形长度 $\Delta_{p}^{(i)}$，得到无粘结预应力筋的应变值为

$$\varepsilon_{p}^{(i)} = \frac{\Delta_{p}^{(i)}}{L_{up}} + \varepsilon_{p0}^{(i)} \tag{A.0.2-2}$$

式中：L_{up} ——无粘结预应力筋的长度；

$\varepsilon_{p0}^{(i)}$ ——第 i 根无粘结预应力筋的初应变。

4 计算受拉侧普通钢筋的应变 $\varepsilon_{s}^{(i)}$。

对于第 i 根普通钢筋，其与墩柱受压侧边缘的距离为 $h_{s}^{(i)}$，根据 θ 和 x 计算的普通钢筋的变形长度为

$$\Delta_{s}^{(i)} = (h_{s}^{(i)} - x)\theta \tag{A.0.2-3}$$

第 i 根普通钢筋的应变值为

$$\varepsilon_{s}^{i} = \frac{\Delta_{s}^{(i)} + 2/3\,\Delta_{sp}\alpha_{e}\varepsilon_{y}}{2\,\Delta_{sp}} \tag{A.0.2-4}$$

式中：Δ_{sp} ——由于应变渗透产生的钢筋变形，可按式(A.0.2-5)计算。

$$\Delta_{sp} = 0.15 f_{y} d_{s} \tag{A.0.2-5}$$

式中：f_{y} ——普通钢筋屈服强度；

d_{s} ——纵向普通钢筋直径；

α_{e} ——普通钢筋弹性应变与屈服应变之比，$\alpha_{e} = \varepsilon_{e}/\varepsilon_{y}$，$\varepsilon_{e}$ 钢筋弹性应变定义如图 A.0.2-2 所示，ε_{y} 为钢筋的屈服应变。

5 混凝土压应变可按式(A.0.2-6)计算：

$$\varepsilon_{c} = \left(\frac{\theta}{2\,\Delta_{sp}}\right)x \tag{A.0.2-6}$$

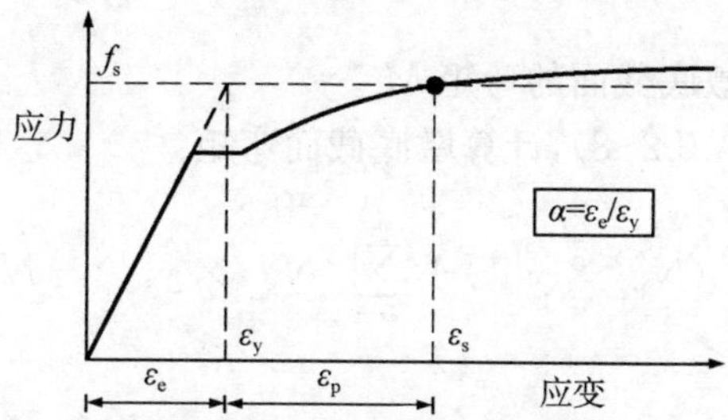

图 A.0.2-2　钢筋应力-应变关系

6　计算预应力筋、普通钢筋的轴力 $N_p^{(i)}$ 和 $N_s^{(i)}$、混凝土压力 N_c 和受压区钢筋轴压力 N_s'。

根据第 i 根预应力筋和普通钢筋的应变 $\varepsilon_p^{(i)}$、$\varepsilon_s^{(i)}$，由预应力钢筋和普通钢筋的应力-应变关系可分别计算第 i 根预应力筋和普通钢筋所受的轴力 $N_p^{(i)}$ 和 $N_s^{(i)}$。根据受压区混凝土的压应变 ε_c 和假设的受压区高度 x，由混凝土的应力-应变关系，得到受压区混凝土的合力 N_c，由钢筋应力-应变关系求得受压区钢筋轴压力 N_s'。

7　根据平衡方程计算混凝土受压区高度 x^*。

根据式(A-9)力的平衡公式，计算受压区混凝土高度 x_c^*

$$N_g+\sum_{i}^{n_p}N_p^{(i)}+\sum_{i}^{n_s}N_s^{(i)}=N_c+N_s' \qquad (A.0.2\text{-}7)$$

式中：N_g ——墩柱接缝处受到的恒载轴力；

n_p，n_s ——预应力筋和普通钢筋的根数。

8　判断 x^* 和 x 的差值是否满足精度要求。

对比计算出的混凝土受压区高度 x^* 和第 2 步假设的混凝土受压区高度 x，如二者之间的差值在 5%范围之内，则按第 9 步计算截面弯矩 M；如二者之间的差值大于 5%。，则返回第 2 步，混凝土受压区高度 x 取 x^*，进行迭代，直到计算出受压区混凝土受压区高度 x^* 和第 2 步假设的混凝土受压区高度 x 之间的差值小于等于 5%。

9 计算墩底截面的弯矩 M 。

根据式(A.0.2-8),计算墩底截面弯矩:

$$M=\sum_{i=1}^{n_p}(N_p^{(i)}\times y_p^{(i)})+\sum_{i=1}^{n_s}(N_s^{(i)}\times y_s^{(i)})-N_c\times y_c \tag{A.0.2-8}$$

式中:$y_p^{(i)}$, $y_s^{(i)}$ ——分别代表第 i 根预应力筋和第 i 根普通钢筋距截面中性轴的距离;

y_c ——为受压区混凝土合力距截面中性轴的距离。

接缝截面的等效屈服转角 θ_y 和等效屈服弯矩 M_y 可通过把实际的接缝截面弯矩-转角曲线等效为理想弯矩-曲率曲线,等效方法可根据图 A.0.2-3 中两个阴影面积相等求得。

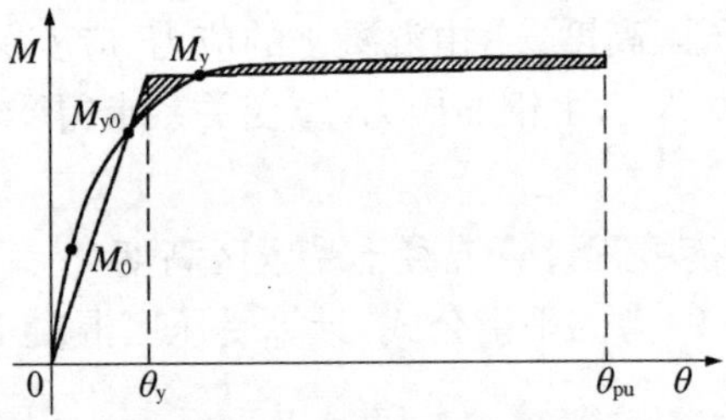

M_0 —消压弯矩;M_{y0} —纵向普通钢筋初始屈服弯矩;M_y —等效屈服弯矩

图 A.0.2-3 接缝截面等效屈服转角与等效屈服弯矩

本标准用词说明

1　为便于在执行本标准条文时区别对待，对要求严格程度不同的用词说明如下：

1）表示很严格，非这样做不可的用词：
正面词采用“必须”；
反面词采用“严禁”。

2）表示严格，在正常情况下均应这样做的用词：
正面词采用“应”；
反面词采用“不应”或“不得”。

3）表示允许稍有选择，在条件许可时首先这样做的用词：
正面词采用“宜”；
反面词采用“不宜”。

4）表示有选择，在一定条件下可以这样做的用词，采用“可”。

2　本标准中指明应按其他有关标准、规范执行的写法为“应符合……的规定”或“应按……执行”。

引用标准名录

1 《钢筋混凝土用钢　第1部分:热轧光圆钢筋》GB 1499.1
2 《钢筋混凝土用钢　第2部分:热轧带肋钢筋》GB 1499.2
3 《钢筋混凝土用不锈钢钢筋》GB/T 33959
4 《混凝土结构设计规范》GB 50010
5 《铁路工程抗震设计规范》GB 50111
6 《地铁设计规范》GB 50157
7 《城市轨道交通结构抗震设计规范》GB 50909
8 《预应力混凝土用螺纹钢筋》GB/T 20065
9 《大体积混凝土施工标准》GB 50496
10 《预应力混凝土用钢绞线》GB/T 5224
11 《地下铁道工程施工质量验收标准》GB/T 50299
12 《建筑结构检测技术标准》GB/T 50344
13 《城市轨道交通桥梁设计规范》GB/T 51234
14 《地下铁道工程施工标准》GB/T 51310
15 《预应力筋用锚具、夹具和连接器》GB/T 14370
16 《城市桥梁抗震设计规范》CJJ 166
17 《城市轨道交通预应力混凝土节段预制桥梁技术标准》CJJ/T 293
18 《水泥基灌浆材料》JC/T 986
19 《无粘结预应力钢绞线》JG 161
20 《预应力混凝土用金属波纹管》JG 225
21 《钢筋连接用灌浆套筒》JG/T 398
22 《钢筋连接用套筒灌浆料》JG/T 408
23 《钢筋套筒灌浆连接应用技术规程》JGJ 355

24 《无粘结预应力混凝土结构技术规程》JGJ 92
25 《钢筋机械连接技术规程》JGJ 107
26 《公路钢筋混凝土及预应力混凝土桥涵设计规范》JTG 3362
27 《公路桥涵施工技术规范》JTG/T 3650
28 《铁路桥涵设计规范》TB 10002
29 《铁路混凝土结构耐久性设计规范》TB 10005
30 《铁路桥涵混凝土结构设计规范》TB 10092
31 《铁路无缝线路设计规范》TB 10015
32 《铁路工程预应力筋用夹片式锚具、夹具和连接器》TB/T 3193
33 《铁路混凝土》TB/T 3275
34 《轨道交通及隧道工程混凝土结构耐久性设计施工技术规范》DG/TJ 08—2128
35 《装配整体式混凝土建筑检测技术标准》DG/TJ 08—2252
36 《节段预制拼装预应力混凝土桥梁设计标准》DG/TJ 08—2255
37 《高性能混凝土应用技术标准》DG/TJ 08—2276

上海市工程建设规范

轨道交通桥墩预制拼装技术标准

DG/TJ 08—2345—2020
J 15506—2021

条 文 说 明

2021 上海

目　次

Contents

1 总 则

1.0.1 预制拼装技术在轨道交通桥梁上部结构中已广泛应用，但在墩柱、盖梁等下部结构中尚未大规模应用。为了促进和指导预制拼装技术在轨道交通桥梁下部结构的应用，响应国家节能减排和绿色建筑的战略要求，科学合理缩短施工周期，最大限度降低桥梁施工对交通和社会环境干扰的影响，进一步保证安全质量，有效控制工程造价，实现人本化施工管理，大力推行工厂化、标准化、机械化等现代化施工手段，全面促进本行业的进步，并明确预制拼装桥墩的设计、施工及验收要求，因此制定本标准。

1.0.2 考虑到高烈度危险性地区桥梁延性抗震对塑性铰区延性变形能力有更高的要求，而现有有限的试验数据尚不足以支持其在高烈度危险地区的推广应用，故本条文对预制桥墩的应用范围进行了适当的规定。

1.0.4 本标准不能代替所有技术标准，故预制拼装桥墩设计、施工与验收除应符合本标准外，尚应符合《地铁设计规范》GB 50157、《城市轨道交通桥梁设计规范》GB/T 51234、《城市轨道交通结构抗震设计规范》GB 50909、《铁路混凝土结构耐久性设计规范》TB 10005、《地下铁道工程施工标准》GB/T 51310、《地下铁道工程施工质量验收标准》GB/T 50299 等国家、行业和本市相关技术标准的规定。

2 术语和符号

2.1 术 语

2.1.6 调节设备一般采用钢结构牛腿与构件连接,配合千斤顶或精轧螺纹钢筋将构件方位进行微调。

3 基本规定

3.0.1 预制桥墩的连接形式推荐近年来普遍采用的灌浆套筒连接形式和灌浆金属波纹管连接形式。根据轨道交通桥墩的受力需要，增加了灌浆套筒（或灌浆金属波纹管）加预应力的连接形式。对现浇湿接缝连接形式直接按现浇结构进行设计，本标准不作详述。

3.0.2 根据不同的锚固机理规定了不同接头连接形式的使用范围。

3.0.3 预制桥墩参建各方的协调应尽早进行，宜在方案设计阶段就进行筹划。

3.0.4 为保证预制拼装技术的标准化、集约化生产优势作出本条规定。桥墩分段数量和规格应尽量减少。

4 材 料

4.1 构件材料

4.1.1 国外已大量应用高性能混凝土，国内由于种种原因之前较少采用高性能混凝土，目前上海已颁布实施上海市工程建设规范《高性能混凝土应用技术标准》DG/TJ 08—2276，加之预制构件采取工厂化生产模式，混凝土质量比较容易受控，有条件使用高性能混凝土。另外，现有的施工水平已有很大进步，为了达到集约、环保、和谐的要求，混凝土的强度等级不宜过低，对预应力构件结合现行行业标准《铁路桥涵混凝土结构设计规范》TB 10092 的规定，提出了预应力混凝土结构的混凝土强度等级不应低于 C40。

4.2 连接材料

4.2.1 对于 7 度及以下地震区，不同构件之间的拼装需采用预应力组合体系以提高桥梁整体抗震性能及耐久性。对于这些预应力筋-锚具组装件，应经过有资质的检测单位试验检测合格后方可使用。

4.2.2 灌浆套筒

1 由于球墨铸铁具备良好的物理、力学、机械加工性能，同时强度-成本比优势非常明显，因此建议采用球墨铸铁。

2 全灌浆套筒（图 1）连接由连接套筒、钢筋、高强砂浆（或称灌浆料）、灌浆管、管堵、密封环、密封端盖及密封柱塞组成。

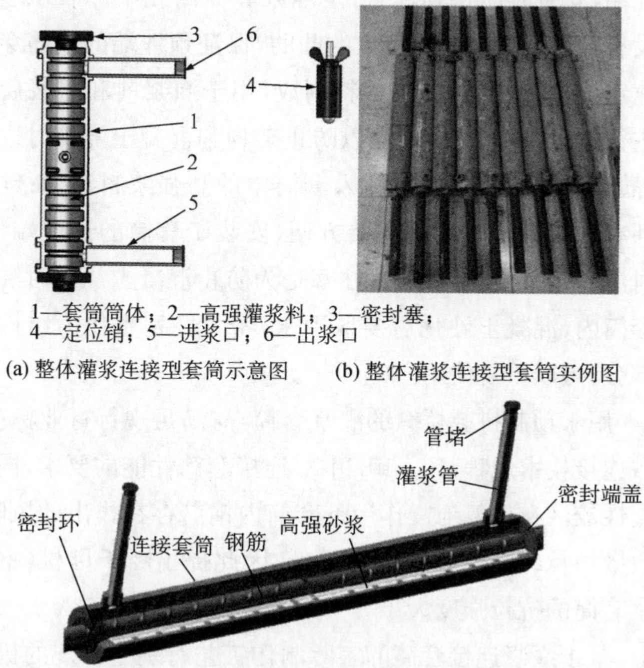

1—套筒筒体；2—高强灌浆料；3—密封塞；
4—定位销；5—进浆口；6—出浆口

(a) 整体灌浆连接型套筒示意图　(b) 整体灌浆连接型套筒实例图

图 1　全灌浆套筒

根据试验研究，对于全灌浆连接型套筒，为保证钢筋、灌浆料及套筒体系可靠，套筒一端钢筋锚固长度不能小于 10 d_s（d_s 为被连接纵向钢筋直径）；为保证压浆质量，压浆顺序应由下至上，并保证在压浆口下缘布置一道箍筋，故压浆口下缘与端部净距应大于 30 mm；套筒内壁设有交替布置的凹槽与凸肋，这有利于钢筋与高强浆料、高强浆料与套筒之间力的传递；全灌浆套筒一端孔口尺寸较小（如图 1 中的右端）为预埋端，该端孔口安装密封环。全灌浆套筒的另一端（如图 1 中的左端）孔口尺寸较大为现场装配端，该端孔口与钢筋有较大的间隙，保证现场安装时能吸收构件制造上的误差与安装偏差；由于全灌浆套筒分预制端和现场装配端，安装时应特别注意；全灌浆套筒内孔中部靠预埋端侧分别设有轴向定位与横向定位的凸肋，保证预埋端的钢筋穿入时能快速定位；管堵由橡胶或塑料制成，用于灌浆前和灌浆后对灌浆管进行封堵，在灌浆前封堵以防止杂物和混凝土浇筑时进入管内，在灌浆后封堵以防止已灌入套筒中的高强浆料泄漏；锥形的密封环有利于钢筋对中且安装方便，安装于套筒的预埋端，防止预制时混凝土进入套筒；密封柱塞是为防止混凝土浇筑时混凝土进入套筒内，混凝土硬化后要取下来，密封柱塞不作为结构连接的一部分，可以重复使用。

3 用于预制拼装桥墩的灌浆套筒，需满足现行行业标准《钢筋机械连接技术规程》JGJ 107 中对连接套筒性能的要求，同时考虑到塑性铰区在反复地震作用下套筒内钢筋存在拔出的风险，这会导致墩柱承载力和延性能力降低，因此提出断于母材（钢筋），即灌浆套筒的抗拉强度大于等于被连接钢筋的实际拉断强度。

4 鉴于灌浆连接套筒的实际制作工艺有别于常规的机械连接接头，产品可靠度相对较高，因此根据实际工程的应用总结，提出了灌浆连接套筒的检验要求。

4.2.3 波纹管

1 为保证钢筋、波纹管与混凝土三者锚固可靠和耐久性，灌浆波纹管材质应为防腐性能较好的金属材质，形状应为圆形，因此规定为圆形金属波纹管。

3 根据试验研究，为确保灌浆金属波纹管连接可靠，本款对灌浆金属波纹管的长度、直径、肋高等作出了一系列的规定。现行行业标准《铁路桥涵混凝土结构设计规范》TB 10092 对直径大于 25 mm 的受拉直筋（HRB400）锚固于强度不小于 C40 混凝土，建议锚固长度不小于 35 d_s。美国 AASHTO 建议的锚固长度计算见下式：

$$\mathrm{Max}\left(\frac{0.02A_{\mathrm{b}}f_{\mathrm{y}}}{\sqrt{f'_{\mathrm{c}}}}\times 0.8\times 0.75, 0.06\,d_{\mathrm{s}}f_{\mathrm{y}}\right)\approx 24\,d_{\mathrm{s}}$$

考虑到预制桥墩中金属波纹管灌浆料强度可达 100 MPa，因此，波纹管中钢筋的锚固长度可适当缩短，参考国内外已有的试验成果，可缩短至 $24d_{\mathrm{s}}$。

4.2.4 灌浆料

1 高强无收缩水泥灌浆料的技术指标是保证结构安全、可靠、耐久和可施工性的重要因素，其组分构成是以水泥作为结合剂，辅以高强骨料及高性能外加剂，如石英粉、微硅粉、纳米硅、聚羧酸减水剂等。在参考国外和国内预制拼装相应灌浆料技术指标的基础上，本标准进行了基础试验，得出了适用于预制桥墩的具体技术指标。灌浆料各技术指标的试验方法应符合现行行业标准《钢筋连接用套筒灌浆料》JG/T 408 的规定。

2 由于高强无收缩水泥灌浆料受潮后物理力学性能指标会发生较大改变，因此出厂后和开封后均应尽快使用，特别是开封后如有剩余应废弃处理。

4.2.5 砂浆垫层

3 对于不同类型构件，如墩柱与承台，考虑到拼接缝的有效施工时间和强度等级，应选择有效施工时间较长的高强砂浆。

5 结构设计

5.1 一般规定

5.1.4 为使结构能满足安全、正常使用要求，设置预应力的预制桥墩结构必须保证其具有一定的强度安全系数(图 2)。对于要求不允许出现拉应力的预制桥墩，尚应具有一定的抗裂安全系数。

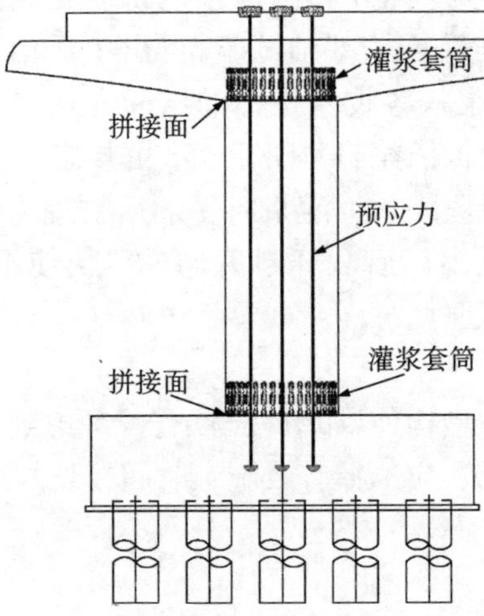

图 2 设置预应力的预制桥墩结构

5.2 预应力混凝土桥墩强度计算

5.2.3 对于 2 个节段以上拼装桥墩，应进一步实验研究接缝对挠度增大的影响。

5.2.4 对于设置剪力键的大偏心受压构件，可计入剪力键的抗剪作用。小偏心受压构件满足纵向连续钢筋的配筋率要求时，可不验算抗剪承载力。

5.3 应力计算

5.3.2 施加预应力预制桥墩拼装接头大部分位于墩底，环境条件相对较差，在主力作用下长期保持受拉，或者主力＋附加力工况下开裂，对结构的正常使用寿命不利。因此，本条规定在主力工况下不允许出现拉应力，主力＋附加力工况下不开裂。

5.3.3 考虑到不施加预应力预制桥墩的适应性，保证在普遍高度情况下也能部分适用，并综合公路预制桥墩已经使用的经验，在采用相应耐久性措施情况下，规定在主力工况下允许出现拉应力，主力＋附加力工况下严格控制裂缝宽度。

5.3.6 关于分段施工的结构，接缝处混凝土抗裂性较差的问题在国内外有关资料和规范中均有反应，但均无系统的统计数据，根据现行行业标准《铁路桥涵设计规范》TB 10002 的条文说明中的建议进行折减。

6 抗震设计

6.1 一般规定

6.1.1 本条中普通钢筋可为灌浆套筒连接或灌浆金属波纹管连接的钢筋。

6.1.3 地震作用下,要求预制拼装桥墩桥梁与普通现浇桥梁的性能目标相同,因此本条直接引用现行国家标准《城市轨道交通结构抗震设计规范》GB 50909 中对桥梁抗震性能的要求。

6.1.4 本条直接引用现行国家标准《城市轨道交通结构抗震设计规范》GB 50909。

6.1.5 由于预应力筋延性性能相对比较差,在地震作用下要求其保持在弹性范围内工作。

6.1.6 能力保护设计原则的基本思想在于:通过设计,使结构体系中的延性构件和能力保护构件形成强度等级差异,确保结构构件不发生脆性的破坏模式。1971 年美国圣弗尔南多(San Fernand)地震爆发以后,各国都认识到结构的延性能力对结构抗震性能的重要意义;在 1994 年美国北岭(Northridge)地震和 1995 年日本神户(Kobe)地震爆发后,强调结构延性能力已成为一种共识。为保证结构的延性,同时最大限度地避免地震破坏的随机性,新西兰学者 Park 等在 20 世纪 70 年代中期提出了结构抗震设计理论中的一个重要原则——能力保护设计原则(Philosophy of Capacity Design),并最早在新西兰混凝土设计规范(NZS 3101,1982)中得到应用。之后,这个原则先后被美国、欧洲、日本和我国等国家和地区的桥梁抗震规范所采用。

6.2 分析、验算方法

6.2.5 灌浆套筒位于柱身潜在塑性铰区域时，因套筒刚度大，易在墩身套筒连接段形成刚性区域，套筒段刚性区域无塑性变形，桥墩的塑性变形主要集中在墩底接缝与套筒顶截面区域。相比较于整体现浇桥墩，灌浆套筒连接的预制拼装桥墩等效塑性铰长度减小，从而导致墩顶的极限位移减小。参考美国 AASHTO 预制拼装结构设计和施工规范（*Recommended AASHTO Guide Specifications for ABC Design and Construction*），对推荐公式的等效塑性铰长度进行折减。本标准的 L_p^{sp} 的计算公式取自美国 AASHTO 预制拼装结构设计和施工规范。当套筒或金属波纹管位于承台或盖梁内时，对桥墩塑性区域的塑性变形无影响，因此等效塑性铰长度取现浇混凝土桥墩的等效塑性铰长度。

6.2.6 在利用公式(6.2.6)计算预制拼装单墩墩顶位移时，如预制拼装桥墩是采用无粘结预应力筋与普通钢筋组合连接的，其墩顶塑性位移主要是由于墩底接缝开展所引起，因此墩顶到墩底接缝转动截面的距离为墩的高墩 H，此时 L_p^{sp} 取为 0。

6.2.9 地震中大量钢筋混凝土桥墩的剪切破坏表明：在桥墩塑性铰区域，由于弯曲延性增加会使混凝土所提供的抗剪强度降低，为此，各国对桥墩塑性铰区域的抗剪强度进行了许多研究。美国规范 ACI－319－89 要求在端部塑性铰区域当轴压比小于 0.05 时，不考虑混凝土的抗剪能力；新西兰《结构设计规范》(*Concrete Structures Standard*)NZS－3101 中规定，当轴压比小于 0.1 时，不考虑混凝土的抗剪能力。而我国现行行业规范《公路工程抗震设计规范》JTJ 004—89 没有对地震作用下的钢筋混凝土桥墩抗剪设计作出特别的规定，工程设计中缺乏有效的依据，只能套用普通设计中采用的斜截面强度设计公式来进行设计和校核，存在较大缺陷。因此，采用美国 *AASHTO Guide*

Specifications for LRFD Seismic Bridge Design(2007 年版)的抗剪计算公式。

桥墩在罕遇地震作用下如果未进入塑性,桥墩的剪力计算值可采用罕遇地震作用的计算结果;当桥墩在罕遇地震作用下进入塑性,桥墩抗剪应作为能力保护构件进行设计,其剪力计算值应取与桥墩塑性铰区域截面超强弯矩所对应的剪力计算值,剪力计算值可参考现行行业标准《城市桥梁抗震设计规范》CJJ 166 中第 6.6 节的计算原则进行。

7　构造要求

7.1　一般规定

7.1.2　采用灌浆套筒连接和灌浆金属波纹管连接建造的预制桥墩，一些构造细节和指标要求与传统现浇混凝土桥墩之间存在差异，这些差异包括灌浆套筒和金属波纹管的布置、进浆口、出浆口、管道、定位装置、吊点和构造设置等，均需在设计中予以考虑，并在设计图纸中给予说明。

7.2　桥墩构造

7.2.1　试验研究表明，沿截面布置适当分布的纵向钢筋，纵向钢筋和箍筋形成整体骨架，当混凝土纵向受压时，会横向膨胀，纵向钢筋也会受到混凝土的压力，这时箍筋给予纵向钢筋约束作用。因此，为了确保对核芯混凝土的约束作用，桥墩的纵向钢筋宜对称布置，纵向钢筋之间的距离不宜超过 200 mm，至少每隔一根宜用箍筋或拉筋固定。同时，为了减少套筒的数量以避免套筒间距过小，建议采用大直径（36 mm、40 mm）钢筋。

7.2.4　考虑到当连接套筒或波纹管位于盖梁或承台内时，为确保预制拼装桥桥墩墩身塑性铰区域具有可靠的延性能力及纵向钢筋与套筒或波纹管可靠的锚固，参考现行国家标准《城市轨道交通结构抗震设计规范》GB 50909 的要求，规定塑性铰加密区域配置的箍筋应延续到盖梁和承台内，延伸到盖梁和承台的距离不应小于盖梁和承台高度的 1/4～1/3，并不应小于 500 mm，故建议在满足现行国家标准《铁路工程抗震设计规范》GB 50111构造要求的情况下，延伸到盖梁和承台的距离还不应小于连接套筒或波纹管的高度。

7.2.5，7.2.6 各国预应力钢绞线保护层厚度要求：

（1）我国铁路桥梁规范要求：预应力管道表面与结构表面之间的保护层厚度，在结构顶面和侧面均不应小于1倍管道外径，并不小于50 mm；在结构底面不应小于60 mm。其管道间净距，当管道直径大于55 mm时，不应小于0.8倍管道外径。

（2）日本设计规范要求：管道或管道群的垂直方向的保护层要大于40 mm，大于管道或管道群的水平尺寸；当混凝土能够充分捣实，且在预应力张拉时不会使管道受到损伤的情况下，可以使管道接触布置，一般垂直方向最多3根，水平方向最多2根。腹板及腹板与翼缘连接处保护层厚度不小于40 mm，且大于等于管道或管道群的水平尺寸，并大于等于管道或管道群垂直尺寸1/2。管道间的净距不小于粗骨料最大尺寸的4/3，弯曲管道与管道群间的垂直净距不小于管道直径。

在设计中，对于12-7Φ5钢绞线而言，日本采用内径75 mm管道成孔，我国根据多年管道摩阻的测试结果，采用内径90 mm管道成孔，所以对于腹板需要更大构造厚度；日本规范对于预应力管道间横、纵向净距要求较小，更利于预应力构件中钢束的布置和预施应力的发挥。

（3）我国现行国家标准《混凝土结构设计规范》GB 50010和现行行业标准《公路钢筋混凝土及预应力混凝土桥涵设计规范》JTG 3362对腹板保护层的规定为：不小于45 mm，且大于管道直径的1/2；容许管道竖向接触布置（最多2根），管道间净距不小于0.6管道直径，且不小于40 mm。

（4）美国规范与我国上述规范的规定类似。

（5）欧洲规范的预应力筋构造规定为：混凝土保护层厚度不小于40 mm，且不小于管道直径；容许管道竖向接触布置（最多2根），管道间净距不小于 0.8 管道直径，且垂直方向不小于 40 mm、水平方向不小于 50 mm。

7.3 连接构造

7.3.1 考虑到预制桥墩的耐久性要求，预制拼装桥墩中的连接套筒和主筋净保护层厚度宜不小于 35 mm。连接套筒通常比纵向钢筋尺寸大，易导致截面拥挤，为确保混凝土浇筑密实，给出了套筒间净距的构造要求。

7.3.3 实际施工中需要通过垫层厚度调整墩柱高度和平整度，同时考虑到预制墩柱受力要求，砂浆垫层厚度不宜过大；墩柱节段之间的拼装应采用环氧粘结剂，其厚度需考虑受力和施工的要求。

7.3.4 预制盖梁采用竖向分段拼装建造时，参考预制节段箱梁的构造，从受力和施工角度出发，盖梁节段截面上宜采用剪力键方式，剪力键方式可参考预制节段箱梁剪力键的构造要求，但盖梁剪力键应配筋。

8 预制与施工

8.1 一般规定

8.1.2 预制桥墩尺寸一般均大于 1 m，施工中可通过混凝土配合比试配、原材料控制、浇筑方法、养护方式等方面的措施，以减少混凝土的收缩，最终达到控制混凝土施工裂缝的目的。

8.1.3 墩柱与承台和墩柱与盖梁之间拼接缝处在浇筑完成后，除垫钢板(调节高度、垂直度)处应及时凿毛至完全露出新鲜密实混凝土的粗集料，并应用洁净水冲洗干净。砂浆拼接缝处的构件表面在浇筑完成后应及时进行粗糙处理，完全露出密实混凝土的粗集料，并应用洁净水冲洗干净；环氧拼接缝处的构件表面在浇筑完成后应清除脱模剂，保证接缝面干燥、干净，并使混凝土表面尽量平整。

8.1.7 在吊装时，若钢绞线埋入混凝土的轴线与起吊方向之间的夹角大于 30°，应视同翻身工况进行验算。

3 构件翻身时，易对吊点造成损伤，应根据实际需要的翻身次数与翻身荷载开展同工况试验，确定实际工况中吊环强度。

8.2 预 制

8.2.1 预制生产场地应满足沉降的要求，并经过有专项资质的单位设计或核算。

8.2.2 生产方案具体内容包括生产工艺、生产计划、模具方案、技术质量控制措施、成品保护、存放、吊装、运输方案等。各类钢筋笼、构件的吊装方案应进行专项设计。必要时，应对预制构件码放、翻转等的承载力进行计算。

8.2.5 出浆口宜离开灌浆套筒(或灌浆金属波纹管)预制安装端 30 mm～50 mm，避免出浆孔被密封塞侵入，成半堵塞状态。盖梁注浆口宜距离盖梁底面 120 mm 以上，避免与盖梁底筋碰撞。盖梁注浆口和出浆口应采用“井”字形钢筋支架固定，墩柱注浆口和出浆口采用“U”形钢筋卡扣固定，防止套筒在混凝土浇筑的过程中发生位置偏移。当采用点焊固定压浆管和出浆管时，需复查压浆管和出浆管是否完整，确保未在焊接过程中损坏。

8.2.6 灌浆套筒材质为球墨铸铁，球墨铸铁焊接性能差，容易脱焊、假焊，故一般不采取焊接连接。

8.2.7 金属波纹管刚度比较小，在安装和混凝土浇筑过程中如果不采取增大刚度的措施则容易变形，因此必须采取一定的措施，如内衬钢管保证其不变形。

8.2.10 由于运输吊装、现场拼装时需调整空间姿态的需求，因此在预制时需埋设相应的吊点预埋件和调节设备预埋件。

8.2.11 由于采用工厂化预制，模板周转次数较多，为保证墩柱浇筑质量，建议采用面板较厚的钢模。

8.2.12 由于采用预制拼装技术，对墩柱、盖梁等预制构件精度要求相比传统模式有了大幅度的提升，对比国内外预制拼装精度控制标准，制定了墩柱、盖梁预制构件的加工允许偏差为±2 mm，包含了钢筋、套筒、金属波纹管和构件成品。

8.2.13 墩柱如采用水平预制，上表面不容易收光和导致套筒部位混凝土存在不密实现象，因此建议采用竖向预制。

8.2.14 目前吊点以钢绞线为主，应采用黄油在钢绞线与混凝土交界面做好密封措施，避免雨水渗入导致钢绞线锈蚀。

8.2.16 产品标识采用数字化编码，可方便进行产品信息查询。产品信息包括构件编号、生产单位(监理单位、建设单位)、生产时间(浇筑起始时间、验收合格时间)、构件尺寸(外轮廓尺寸)、重量、安装方向、构件识别码等。

8.3 运输与吊装

8.3.3 起吊之前,先试验测试同条件养护的试块强度。

8.3.4 构件起吊应选用符合要求的钢丝绳,起吊前应检查起吊钢丝绳、卸扣等的外观质量,确认无误后方可用于构件起吊。

8.3.5 场外运输时,道路的纵向坡度不宜大于 3%,横向坡度(人字坡)不宜大于 4%,最小曲率半径应不小于运输车的允许转弯半径。运输车辆应经计算选择,满足荷载要求。运输前,应对运输线路进行勘察,如沿线存在桥梁,应确认荷载要求,必要时应进行桥梁鉴定评估。同时,在运输车通过的限界内,不得有任何障碍物。

8.4 拼　装

8.4.2 施工方案中应包含拼装过程中所需要使用的材料、设备,吊装区域地基处理,吊机的布置,施工便道,临时围挡等。

8.4.3 灌浆料具备一定强度后,才可进行下一步施工,以保证结构的安全。对桥墩施加竖向预应力时,因为预应力张拉,属于对灌浆料和坐浆料的很大扰动,宜区别对待。构件拼装就位后灌浆料强度未达到 35 MPa 之前,应根据稳定性分析结果决定是否设置临时支承措施防止倾覆。

8.4.7 调节垫块是控制标高、垂直度和砂浆垫层厚度的重要部件,考虑其调节功能和拼接缝的强度,垫块高度不宜过大,材质可以是不锈钢、四氟板、橡胶支座材料等。

8.4.8 墩柱节段拼接处一般采用环氧类粘结剂,对截面的要求比较严格,因此拼装前应对拼接缝处进行清洁。

8.4.11 一般采用灌浆套筒的注浆口和出浆口作为反力架的安装点位,如果不采用灌浆套筒连接时,需预埋调节预埋件。

8.4.12 墩柱调节时，尽量使砂浆垫层连接处一次坐浆完成拼装，不宜多次调整，应保证承台与墩柱拼接面浆液饱满。

8.4.14 竖向预应力张拉前应对张拉千斤顶及压力表进行配套标定，施工时压力表与千斤顶应配套使用。安装工作锚板时，锥孔与钢绞线编号要对应。张拉时需采用专用的工具锚和限位板。

8.5 灌浆连接工艺

8.5.1 灌浆施工应保持连续，为预防压浆过程中遭遇停电等突发状况，现场应配备应急发电设备或高压水枪等清理措施。如果发生套筒堵塞等原因所造成的浆料无法从出浆口流出或下部漏浆等原因造成的灌浆失败，应立即采用高压水枪将已经注入的灌浆料全部冲出，待查明失败原因并解决问题后再重新实施灌浆操作。灌浆套筒（或灌浆金属波纹管）灌浆施工前，施工单位及监理单位应联合对灌浆准备工作、实施条件、安全措施等进行全面检查；重点核查套筒内连接钢筋长度及位置、砂浆强度。

8.5.2 套筒灌浆是预制装配桥墩成败的关键因素，是与预应力张拉等同的重要施工环节，为杜绝压浆不饱满产生的安全隐患，提出了要进行专业培训的要求。

9 质量验收

9.2 主控项目

9.2.1 预制构件、灌浆套筒及灌浆料的质量证明文件包括但不限于：

（1）预制构件、灌浆套筒及灌浆料生产单位备案证；

（2）预制构件、灌浆套筒及灌浆料质量保证书（出厂合格证）；

（3）灌浆套筒外观质量、标识、尺寸偏差检验报告；

（4）钢筋套筒灌浆连接接头试件型式、工艺、抗拉强度检验报告；

（5）灌浆料、混凝土强度检验报告及其他重要检验报告等。

9.2.4 砂浆强度检测可按现行行业标准《建筑砂浆基本性能试验方法标准》JGJ/T 70 执行。

9.2.5 灌浆料强度检测方法可按现行行业标准《钢筋连接用套筒灌浆料》JG/T 408 执行。

9.2.6 该方法具体操作要求可按现行上海市工程建设规范《装配整体式混凝土建筑检测技术标准》DG/TJ 08—2252 和现行中国工程建设标准化协会标准《装配式混凝土结构套筒灌浆质量检测技术规程》T/CECS 683 的规定执行。如果套筒出浆孔设置弯管，传感器可以和弯管集成在一起。

检测数量可根据现场灌浆工艺检验要求确定。灌浆质量有保证后可适当减少检测数量。

用预埋传感器法检测灌浆结果为不饱满时，对单独套筒灌浆情况，应通过灌浆孔进行二次灌浆。对于连通腔灌浆情况，优先选择在原连通腔灌浆孔进行二次灌浆；如不可行，可选择在不饱满套筒灌浆孔进行二次灌浆。该方法简单易行，检测结果易于判别，发现问题可及时进行二次灌浆，可实现施工过程控制。

套筒灌浆过程中，如有其他可行的检测方法（该方法尚未写到现行标准中，但已通过技术鉴定且有相应的检测细则），如果委托方同意，也可采用该方法检测灌浆饱满性。

9.2.7 该方法具体操作要求可按现行中国工程建设标准化协会标准《装配式混凝土结构套筒灌浆质量检测技术规程》T/CECS 683 的规定执行。

检测数量可按照现行国家标准《建筑结构检测技术标准》GB/T 50344确定。计数抽样的合格性判定应符合现行国家标准《建筑结构检测技术标准》GB/T 50344 的规定。如检测灌浆不饱满，应按现行行业标准《钢筋套筒灌浆连接应用技术规程》JGJ 355 提出的手动设备结合细管压力进行补灌。

灌浆料凝固后，如有其他可行的检测方法（该方法尚未写到现行标准中，但已通过技术鉴定且有相应的检测细则），如果委托方同意，也可采用该方法检测灌浆饱满性。

9.2.8 预制构件与后浇混凝土结合的界面统称为结合面，结合面的表面一般要求在预制构件上设置粗糙面或键槽，粗糙度或键槽尺寸的检测方法可按现行上海市工程建设规范《装配整体式混凝土建筑检测技术标准》DG/TJ 08—2252 执行。